RECHERCHES

SUR

L'ORIGINE DES DÉCOUVERTES

ATTRIBUÉES

AUX MODERNES.

TOME PREMIER.

Par M^r. L. Dutens

RECHERCHES

SUR

L'ORIGINE DES DÉCOUVERTES

ATTRIBUÉES

AUX MODERNES,

Où l'on démontre que nos plus célèbres Philosophes ont puisé la plûpart de leurs connoissances dans les Ouvrages des Anciens : & que plusieurs vérités importantes sur la Religion ont été connues des Sages du Paganisme.

Nemo nostrûm sufficit ad artem simul & constituendam & absol-
vendam ; sed satis, superque videri debet, si, quæ multorum
annorum spatio priores invenerint, posteri accipientes, atque
his addentes aliquid, aliquando compleant, atque perficiant.
Galenus in I. Aphorism. Hippocrat.

TOME PREMIER.

A PARIS,

Chez la Veuve DUCHESNE, rue S. Jacques, au-dessous
de la Fontaine S. Benoît, au Temple du Goût.

M. DCC. LXVI.

Avec Approbation, & Privilége du Roi.

A
SON EXCELLENCE
MONSIEUR S. DE M.

&c. &c. &c.

Je voulois publier hautement tout ce que je dois à votre Protection généreuse ; mais le respect que j'ai pour votre volonté, m'impose le silence. Tel est votre caractère, MONSIEUR : aussi ardent à faire le bien que soigneux à le cacher, vous ne voulez

ÉPITRE.

recueillir d'autre fruit de vos bienfaits
que le plaisir secret d'avoir fait des
heureux. C'est pour obéir à vos ordres
que j'omets ici votre nom ; mais après
ce que je viens de dire, pourroit-il
êtr ignoré de ceux qui ont le bon-
heur de vous connoître ?

Je suis avec le plus profond respect, & la plus vive reconnoissance,

MONSIEUR,

DE VOTRE EXCELLENCE

Le très-humble, très-obéissant
& très-obligé serviteur,
L. DUTENS.

A Londres, ce 15 Janvier 1766.

PRÉFACE.

JE n'ai pas befoin de faire une longue Préface pour inftruire le lecteur de l'ordre & de la difpofition que j'ai obfervés dans cet ouvrage, & de ce qu'il eft néceffaire de fçavoir, pour en retirer quelque utilité. La Table générale des Chapitres & des Sections, fera voir d'un coup d'œil la difpofition que j'ai fuivie; & l'introduction mettra le lecteur au fait du but que je me fuis propofé.

Je préviendrai feulement en deux mots que je n'ai rien voulu avancer dont je ne puffe apporter des preuves qui me paruffent fuffifantes pour appuyer ce que j'avançois ; ce qui m'a fait prendre le parti de citer exactement dans les langues originales les passages des Anciens sur lesquels j'ai fondé mes assertions ; & j'ai toujours eu soin de rendre dans le fil du discours le sens exact de l'auteur que je cite , lorsque je n'ai pas donné la traduction littérale des passages cités. Ceux qui seront curieux d'examiner certaines choses plus scrupuleusement , seront bien aises de trouver sous leurs yeux les propres termes des différens Auteur rassemblés sous un même point de vue ; & de pouvoir juger par eux-mêmes de la solidité de ce que l'on avance , sans être obligés de faire pour cela de grandes recherches. J'aurois pu rapporter un plus grand nombre d'autorités sur plusieurs points particuliers ; mais je me suis contenté de choisir les principales &

d'indiquer les autres. J'ai cité avec
la plus grande exactitude : on trouvera après la Préface un Catalogue
des éditions particulières des principaux Auteurs dont j'ai fait usage.

J'ose croire que cette entreprise
aura du moins le mérite d'être nouvelle dans son genre , & dans la
manière dont elle est exécutée ; car
quoiqu'il y ait certains ouvrages qui
peuvent avoir quelque chose de commun avec le titre de celui-ci , il n'y
en a cependant aucun qui lui ressemble dans le dessein , l'ordre & la
manière avec laquelle il est traité.
Le Parallèle des Anciens & des Mo-
dernes de M. Perrault. L'Essai du
sçavoir des Anciens & des Modernes,
par M. le Chevalier Temple ; & la Di-
gression sur les Anciens & les Moder-
nes , par M. de Fontenelle , sont plutôt de belles déclamations sans preu-

ves de ce que l'on y foutient, que
des ouvrages propres à porter la
conviction avec eux ; & quant à
Polydore Vergile, *De rerum inven-
toribus*, l'Auteur s'eft arrêté fur
tant de fubtilités, a omis tant de
chofes importantes, & a été d'ailleurs fi peu exact dans fes recherches & fes citations, que quoique
je l'aie confulté quelquefois, je puis
affurer qu'il ne m'a pas été de la
moindre utilité ; de forte que je n'ai
vu que l'ouvrage d'*Almeloveen*, intitulé, *Inventa Nov-Antiqua*, qui
ait rempli fur la Médecine l'objet
que je me fuis propofé fur toutes les
autres connoiffances ; mais on voit
que cela ne fait qu'une petite partie
de cette entreprife. Il y a auffi un
autre livre de *George Pafchius*, *De
novis inventis*, dont le titre feul fait
voir que fon but étoit différent du

mien, & la lecture de son ouvrage suffit pour achever de le persuader (*a*).

(*a*) Je ne parle pas d'un ouvrage Anglois de M. Wotton, publié en 1674. 1697, & en 1705, avec des additions, intitulé : *Reflexions upon ancient & modern Learning;* l'Auteur se propose pour but d'y faire l'office de médiateur entre le chevalier Temple & M. Perrault, & paroît cependant pencher en faveur des Modernes ; mais je dois dire quelque chose d'un autre livre dont on pourroit m'accuser d'avoir ignoré l'existence, si je n'en parlois pas ici : c'est *l'origine ancienne de la physique nouvelle* du P. Regnault, ouvrage sans plan, sans méthode, sans liaison ; l'Auteur cite souvent d'une manière peu exacte ou infidèle ; il avance plusieurs choses sans les prouver ; il en omet plus qu'il n'en rapporte ; il se trompe jusques dans l'exposition même des principes des Auteurs dont il parle, & tronque souvent leurs passages pour les ra-

Je crois devoir informer ici le lecteur de mon véritable sentiment sur la question si long-temps agitée, à l'égard de la préférence que l'on doit donner aux Modernes ou aux Anciens : il me paroît qu'il seroit autant injuste de ne rien louer & ne rien admirer qui ne sente l'antiquité, que de mépriser tout ce qui vient d'elle, & n'adopter que ce que l'on tient des Modernes. Je ne dis pas que nous devions accorder une soumission, tellement aveugle aux premiers philosophes, qu'elle nous les fasse juger exempts d'erreurs, rece-voir leurs sentimens avec une en-

---

mener à son sens. Enfin son livre n'est qu'un amas informe, indigeste & très-imparfait, de passages mal cousus, & mal cités, tous ceux qui le connoissent s'ac-cordent unanimement à porter le même jugement.

tière docilité, confidérer leurs obfcurités comme des oracles dignes
que l'on prenne tout le foin poffible pour les interpréter , & nous
faffe négliger ainfi des recherches
plus utiles. Non ; perfonne ne doute
qu'étant hommes , ils fe feront fouvent, & même groffièrement trompés , & qu'ils ont dû payer ce tribut
indifpenfable à l'humanité ; mais
auffi ne doit-on pas fe laiffer tellement emporter par l'amour de la
nouveauté que , méprifant ce qui
vient des Anciens, on dédaigne de
s'attacher à tout ce qui n'eft pas de
la production des Modernes , & l'on
refufe d'accorder fon fuffrage à des
fentimens fur lefquels plufieurs fiècles ne fe feront pas écoulés. Si l'on
péfe toutes chofes dans une jufte ba-
lance , on conviendra , que fi les
Anciens ont été quelquefois dans

de grandes erreurs, il ont auſſi ſouvent enſeigné de grandes vérités;
mais il faut penſer comme Horace,
qui recommande, de *ne point être*
bleſſé de quelques défauts légers dans
des ouvrages qui brillent d'ailleurs
par de grandes beautés :

(a) Ubi plura nitent non paucis offendamur maculis.

Les Modernes ont certainement
mérité beaucoup, & n'ont pas peu
travaillé à l'avancement des ſciences
par un grand nombre de découvertes ingénieuſes ; mais on ne peut
nier auſſi que les Anciens ne leur
aient frayé le chemin dans lequel
ils avancent à préſent plus facile-
ment à grands pas. Les premiers
ont fait pluſieurs découvertes auxquelles il a été aiſé d'ajouter enſuite
quelque choſe ; & l'on peut dire encore à cet égard ce que Quintilien

____

(a) *Horat. ars Poet. vers 350 & 351.*

disoit il y a 1700 ans : *L'antiquité nous a tellement instruits par ses exemples & ses grands maîtres , que nous ne pouvions naître dans un siècle plus heureux que celui que nos ancêtres ont pris tant de soin d'éclairer* (a). Ce seroit donc une ingratitude de refuser à nos maîtres les éloges qui leur sont dûs ; comme ce seroit une marque d'envie de ne pas accorder aux Modernes toutes les louanges qu'ils méritent à si juste titre ; il faut rendre justice des deux côtés , & ne pas donner tout à un âge & rien à l'autre.

Dans la comparaison que l'on fait ordinairement du mérite des

____

(a) Tot nos præceptoribus , tot exemplis instruxit antiquitas , ut possit videri nulla sorte nascendi ætas felicior , quàm nostra, cui docendæ priores elaboraverunt. *Quint. Institutiones oratoriæ , libro 12 , c. 11.*

Anciens & des Modernes , on doit
fur-tout diftinguer les arts & les
fciences , qui exigent principalement une longue expérience & un
long ufage pour être perfectionnés,
d'avec ceux qui dépendent unique-
ment du talent & du génie ; il n'eft
pas douteux que les connoiffances
du premier genre , par la fuite des
fiècles , ont été de plus en plus au-
gmentées & portées prefque au dernier degré de perfection par les Modernes qui , à cet égard , peuvent
être jugés l'emporter fur les Anciens ; à quoi l'art de l'imprimerie
& plufieurs autres découvertes n'ont
cependant pas peu contribué : on
fçait que les Aftronomes de nos
jours entendent beaucoup mieux la
nature des aftres , & tout le fyftême
planétaire qu'Hypparque , Ptolo-
mée, ou qui que ce foit des Anciens;

mais

mais on doute qu'ils euſſent été plus loin ſans le ſecours des téleſcopes. Les Modernes on: perfectionné à la vérité l'art de la navigation, ils ont été juſqu'à découvrir de nouveaux mondes ; mais, ſans l'aide de la bouſſole, l'Amérique nous ſeroit encore probablement inconnue. Ainſi de longues obſervations, des expériences ſouvent répétées, ont amené les arts, la Botanique, l'Anatomie, la Chirurgie, au degré de perfection où nous les voyons aujourd'hui ; pluſieurs ſecrets de la nature, qu'un âge ſeul n'avoit pas ſuffi pour pénétrer, ont été dévoilés par une ſucceſſion de pluſieurs ſiècles. La morale même a été perfectionnée par la religion chrétienne, la philoſophie, peu à peu, a pris une nouvelle face ; & les frivolités, les queſtions puériles & futiles de l'école en ont enfin été bannies, par les efforts réitérés des la Ramée, des Bacon, des Gaſſendi, des Deſcartes, des Newton, des s'Graveſande, des Leibnitz & des Wolf.

Je conſens donc volontiers à accorder aux partiſans des Modernes tous les avantages que je viens de déduire ici; mais il ne faut pas non plus enlever aux Anciens la part qu'ils ont à l'avancement de ces mêmes connoiſſances, par la peine qu'ils ont priſe à nous en frayer le chemin. Bien plus, il ne faut pas toujous prendre pour des découvertes des Modernes pluſieurs choſes qui ont été réellement connues aux Anciens, ou inventées par eux, ou ſur leſquelles ils ont du moins répandu un très-grand jour; & il faut encore faire attention que la plûpart des découvertes ſi admirables

& fi utiles dont notre âge fe glori-
fie , comme l'imprimerie , la pou-
dre à canon , la bouffole , les télefcopes , &c. n'ont pas été la production de génies philofophiques ,
mais l'effet d'un pur hazard , ou de
l'expérience de quelques artifans
ignorans. C'eft principalement afin
de mettre dans tout fon jour cette
premiere vérité *de la part , qu'ont les
Anciens à nos connoiffances* , & même *à ce que les Modernes appellent
découvertes* , que je me fuis propofé
le travail fuivant , pour lequel j'ofe
efpérer du public toute l'indulgence
que peuvent mériter des efforts ,
plus animés par l'amour de la vérité
que par tout autre motif.

CATALOGUE

Des principaux Auteurs cités , &
des Éditions dont on s'est servi.

Æliani varia historiæ. Argentorati,
   1713, in-8.

Alcinoüs de doctrinâ Platonis. Venetiis,
   Edit. *Aldi*, 1521, in-8.

Antoniana Margarita à Gomez. Pereyra.
   Matriti, 1749, in-fol.

Apulejus. Edit. *Aldi.* Venetiis, 1521, in-8.

Aristotelis opera. Edit. *Duval*, Parif. 1629,
   2 vol. in-fol.

Astruc de Morbis venereis. Edit. Veneta,
   1748. 2 vol. in-4.

Athenæi Deipnosophistæ. Lugduni, 1657,
   2 vol. in-fol.

S. Augustin. Edit. *Mon. Benedict.* Parif.
   1679, in-fol.

Aulus Gellius. Lipfiæ, 1762. 2 vol. in-8.

*Berkeley's Treatise concerning the principles
   of human Knowlegde.* Lond. 1734. in-8.

Biblia Hebraïca fine punctis. Oxonii, 1750.
   2 vol. in-4.

Bibliotheca Patrum. Lugd. 1677. 21 vol. in-fol.

Bruckeri Historia de Ideis. Augustæ , Vindel. 1723. in-12.

Cartesii opera. Edit. *Blaeu.* Amstelod. 1692. 2 vol. in-4.

Cæsalpini Quæstiones Peripateticæ & Medicæ. Venet. 1593. in-4.

Censorinus de die natali. 1763. in-8.

Ciceronis opera. Edit. *Rob. Steph.* Paris. 1539. 2 vol. in-fol.

Clemens Alexandrinus. Paris. 1641 , in-fol.

Commentarii Societatis Regiæ Gottingensis , tom. 1. ann. 1751. Gotting. 1752. 4 vol. in-4.

Dickinsoni Physica vetus , & vera. Londini. 1702. in-4.

Dio-Cassius Hist. Roman. Hannoviæ. in-fol. 1606.

Diogenes Laërtius. Amstelodami , 1692. 2 vol. in-4.

Dictionnaire de Bayle. Amsterd. 1740. 4 vol. in-fol.

Diodorus Siculus. Amstelodami , 1745. 2 vol. in-fol.

Efchenbach de Poëfi Orphicâ. Noriberg. 1702 , in-4.

Eufebii Præparatio Evangelica. Parif. 162?. in-fol.

Fabricii Bibliotheca Græca. 14. vol.1705-28 in-4.

Galeni opera. Edit. *Juntarum.* Venetiis, 1576. 7 vol. in-fol.

Galilei difcorfi , è Dimoftrazioni Mathematiche : in Leida. *Elzevirs ,* 1638. in-4.

*Gaffendi opera.*Lugduni, 1658. 6 vol. in-fol.

Herodotis Hiftoria. Lug. Bat. 17?5. in fol.

Hefiodi opera. Patavii , 1747. in-8.

Hierocles in aurea carmina Pythagor. Cantabrig. 1709 , in-8.

——————— *De Providentiâ , & fato.*

Hippocratis opera. Edit. *van-der-Linden.* Lug. Bat. 1665. 2 vol. in-8.

Jamblicus de Myfteriis Ægyptiorum. Edit. *Tornæfii.* Lugd. 1549. in-16.

——————— *De vitâ Pythagoræ.* Edit. *Commeliniana ,* 15?8. in-4.

Ifidori Hifpalenfis Epifcopi Libri viginti , in-4. 1585.

Introduzione allo ftudio della Religione del P. Gerdil. Turin , 1755. in 4.

Kircheri ars magna lucis & umbræ. Romæ, 1646. in-fol.

Lactantii opera. Paris. 1748. 2 vol. in-4.

Linnæi Philosophia Botanica. Viennæ. 1755. in-8.

Locke's Essays on Human understanding. Lond. 1706. in-fol.

Luciani opera. Parisiis, 1615, in-fol.

Mallebranche, Recherche de la vérité. Paris, 1721, in-4.

———— *Entretiens Métaphysiques.* Paris, 1732, 2 vol. in-12.

Muschenbroek, Essai de Physique. Leyde, 1751, 2 vol. in-4.

Montucla, Histoire des Mathématiques. Paris, 1758, 2 vol. in-4.

Maclaurin, Découvertes philosophiques de Newton. in-4.

Macrobii opera. Patavii, 1736, in-8.

Maximi Tyrii Dissertationes. Lugduni, 1630. in-8.

Nemesius in Bibliothec. Patr.

Needham, Observations Microscopiques. Paris, 1750. in-12.

Newtoni Principia. Amst. 1723. in-4. & optica. Edit. Patav.

Origenis Philosophumena. Hamb. 1706.

Pancirole de rebus deperditis latinè, 2 vol. in-8. Amberg. 1612 , & *Italicè*, in-4. Venet. 1612.

Pardies, Traité de la connoissance des bêtes. Amst. 1725. in-12.

Philonis opera. Francofurti , 1691, in-fol.

Philostratorum opera. Lipsiæ, 1709.

Photii Bibliotheca. Rotomagi, 1653.

Platonis opera, gr. & lat. Edit. *Serrani & Henr. Steph.* Lausanæ , 1578. 3 vol. in-fol.

Plinii Naturalis Historia. Paris. Lugd. 1553. in-fol.

Plotinus. Basileæ , gr. lat. 1580. in-fol.

Plutarchi opera, gr. & lat. Paris. 1624. 2 vol. in-fol.

Pollucis onomasticon , gr. & lat. Amstelod. 1706. 2 vol. in-fol.

Proclus in Timæum Græce. Basileæ , 1534, in-fol.

Τύχαι Ἱπποκράτους *Joan. Matthiá Gesnero.* Gotting. 1737. in-4.

Rhodigini lectiones antiquæ. Francof. 1666. in-fol.

Sallustius de Diis & Mundo in opuscul. Mytholog. Amstelod. 1688. in-8.

Scipio Aquilianus de Placitis Philofoph. Edit. Bruckeri. Lipfiæ, 1756. in-4.

Senecæ opera. Edit. *Plantini.* Antverpiæ, 1615. in-fol.

Sextus Empiricus, gr. & lat. Lipfiæ, 1718, in-fol.

Simplicius in Ariftotelem de animâ. Gr. Venet. Aldi, 1527. in-fol.

——*in Phyficos.*

——*De Cælo.*

——*in Epictetum.* Lugd. Bat. 1640, in-4.

Stanley's Hiftory of Philofophy. London, 1743. in-4.

Steuchus Eugubinus de Perenni Philofophia. Bafil. 1542. in-8.

s'Gravefande, Introduction à la Philofophie de Newton. Paris, 1747. 2 vol. in-8.

Stobæi Eclogæ Phyficæ, gr. & lat. Aurel. Allobr. 1609. in-fol.

Strabonis opera, gr. & lat. Amftelod. 1707. 2 vol. in-fol.

Suidæ Lexicon gr. lat. Cantabr. 1705, 3 vol. in-fol.

Tournefort, Elémens de Botanique. Paris, 1694. 3 vol. in-8.

Valerius Maximus. Lug. Bat. 1655. cum notis varior. in-8.

Vaillant, de structura florum. Lug. Bat. 1718, in-4.

Vossius, de origine idololatriæ. Amstel. 1668, in-fol. Edit. Blaeu,

Wolfii opera. Genevæ, 1747, 5 vol. in-4.

Wotton, Reflexions on Ancient and Modern in-8. 1694 & 1705.

Zonaræ, Annales Venet. 2 tom. in-fol. 1729.

TABLE GÉNÉRALE
DES CHAPITRES
ET DES SECTIONS.

PARTIE PREMIERE,

Contenant l'Introduction & les Sentimens de Descartes , Mallebranche , Locke , &c. sur les Idées , l'Art de penser , les Qualités sensibles , &c.

INTRODUCTION.

SECONDE PARTIE,

Contenant le systéme de MM. Leibnitz, de Buffon, Needham, & les vérités concernant la Physique générale & l'Astronomie.

CHAP. III. *Nature active & animée. Systême de M. Needham.*

CHAP. IV. *Philosophie Corpusculaire, & divisibilité de la matière à l'infini.*

CHAP. V. *Du mouvement, de l'accélération du mouvement, de la pesanteur ou de la chûte des corps graves.*

Sect.

TROISIÈME PARTIE.

La Physique particulière, la Médecine, l'Anatomie, la Botanique, les Mathématiques, l'Optique & la Mécanique.

CHAP. I. *De l'Ether ; de l'Air ; de sa pesanteur & de son élasticité.*

CHAP. III. *De la circulation du sang , & des Trompes de Fallope.*

QUATRIÉME PARTIE.

De Dieu & de l'Ame ; du Temps, de l'Es-
pace ; de la formation du Monde ; de la
création de la Matiere & Conclusion.

CHAP. I. *DE DIEU.*

CHAP. II. *De l'Ame.*

RECHERCHES

RECHERCHES

SUR

L'ORIGINE DES DÉCOUVERTES

ATTRIBUÉES

AUX MODERNES.

PARTIE PREMIERE,

CONTENANT

L'INTRODUCTION ET LES SENTIMENS DE DESCARTES, MALLEBRANCHE, LOCKE, &c. sur les Idées, l'Art de penser, les Qualités sensibles.

I. Partie.   A

INTRODUCTION.

1. **L**ES hommes font fouvent extrêmes Inconftance dans leurs paffions , & encore plus dans leurs opinions ; ils paffent fubitement de l'amour à la haine , de la louange au blâme à l'égard des mêmes objets , & le plus fouvent fans pouvoir fe rendre compte à eux-mêmes des motifs qui les déterminent à ces grands changemens.

2. Le fujet, que j'entreprends de traiter, fournit une preuve frappante de cette vérité. Pendant deux mille ans , les philofophes anciens ont été en poffeffion de l'eftime générale , & quelquefois aveugle des hommes ; c'étoient des oracles, que l'on écoutoit avec la plus grande vénération, & dont on refpectoit les obfcurités mêmes, que l'on regardoit comme des fanctuaires facrés , où il n'étoit pas donné à tous les efprits de pouvoir pénétrer : un *ipfe dixit* d'Ariftote, ou de quelque autre grand philofophe fuffifoit pour trancher les plus fortes difficultés; le vulgaire des

A ij

sçavans baissoit la tête & s'en conten-
toit. On s'en tenoit là, & ces dispositions
si soumises n'étoient guéres propres à avancer le progrès de nos connoissances. Aussi
les beaux génies, qui ont été si bien ré-
compensés de leurs travaux par le titre à
jamais glorieux de restaurateurs des scien-
ces, sentirent-ils bien la dureté d'un tel
esclavage. Le peuple philosophe tenta de
secouer le joug d'Aristote, à peu près dans
le temps que le peuple chrétien commen-
çoit à se lasser de celui de Rome : l'effort
de l'esprit humain vers sa liberté devint
ainsi général : & il arriva alors, ce qui
doit arriver dans toutes les entreprises
des hommes : on ne marqua pas assez justement les limites, où il étoit à propos de
s'arrêter ; on les franchit des deux côtés.
Le prétexte de se délivrer de la servitude
d'Aristote, & des autres grands maîtres,
à qui l'on devoit tant, dégénéra en ingratitude, & en injustice à leur égard ; de
même que le prétexte de se tirer des en-
traves de Rome, peu à peu dégénéra parmi les beaux esprits du siécle, en esprit

de libertinage & d'impiété : le fuccès des philofophes modernes fut enfin femblable à celui des grands conquérans ; fe voyant vainqueurs, ils s'enrichirent des dépouilles des vaincus ; & au lieu de fuivre l'exemple de ces grands hommes, dont les longues étude, le travail affidu, & les méditations profondes avoient tellement enrichi les fciences, ils fe contenterent le plus fouvent de prendre chez eux le fond, fur lequel ils éleverent enfuite leurs édifices : & cette victoire, qui devoit être utile à la perfection de l'efprit humain, fi l'on avoit apporté plus de candeur dans la réforme, peut lui devenir pernicieufe, en continuant fur les principes que l'on femble être difpofé à fuivre.

3. On convient de toute l'importance du fervice que les grands hommes, qui fe font élevés depuis deux fiécles, ont rendu à la république des lettres ; & leur fuccès juftifie affez leur conduite. Auffi n'eft-ce pas des Bruno, des Cardan, des Bacon, des Galilée, des Defcartes, des Newton & des Leibnitz dont je veux par-

Grands hommes parmi les modernes, admirateurs des anciens.

A iij

ler ici ; non, ces héros de la république des lettres avoient trop de mérite pour ne pas connoître celui des anciens, ils leur rendoient juſtice & ſe regardoient comme leurs diſciples ; je parle ici de ces demi-ſçavans, qui ne pouvant tirer de leur propre fonds de quoi ſe faire un nom, vont emprunter de ceux qu'ils affectent de dénigrer, les richeſſes dont ils ſe parent, & taiſent avec ingratitude ce qu'ils doivent à leurs bienfaiteurs.

Raiſons d'avoir recours aux anciens. 4. On ſent tout le prix de la méthode introduite par les modernes dans la philoſophie de nos jours ; il n'eſt pas douteux que l'eſprit analytique & géométrique, qui régne dans leur maniere de procéder, n'ait beaucoup contribué à perfectionner les ſciences, & il ſeroit à ſouhaiter que l'on ne s'en écartât jamais : mais on a beſoin pour cela de guides ſûrs ; & quels meilleurs guides peut-on ſuivre que ceux que nous voyons être arrivés long-temps avant nous au but, où nous nous propoſons d'aller ? Nous pouvons nous convaincre que les grandes vérités de ſyſtême, reçues avec tant d'applaudiſſement depuis deux ſiécles, avoient été déja connues, & enſeignées par Pythagore, Platon, Ariſtote & Plutarque : & nous devons penſer qu'ils ſçavoient démontrer ces mêmes vérités, quoique les raiſonnemens ſur leſquels une partie de leurs démonſtrations étoient fondées, ne ſoient pas parvenus juſqu'à nous ; car ſi dans les écrits qui ſont échappés aux injures du temps, on trouve une foule d'exemples qui mettent hors de doute la profondeur de leurs méditations, & la juſteſſe de leur dialectique pour expoſer leurs découvertes ; il eſt trop juſte de croire qu'ils ont employé les mêmes ſoins, & la même force de raiſonnement pour appuyer les autres vérités que nous trouvons ſimplement énoncées dans ceux de leurs écrits que nous connoiſſons. Cette conjecture eſt d'autant plus naturelle, que parmi les titres qui nous ont été conſervés de ces ouvrages qui ont péri, on en trouve pluſieurs qui traitoient de ces mêmes ſujets qui ne ſont qu'énoncés dans leurs autres écrits ; d'où il eſt naturel de penſer

A iv

que l'on y eût trouvé les démonstrations qui nous manquent de ces vérités. Ils jugeoient sans doute inutile de les répéter, après en avoir parlé en plusieurs autres livres, auxquels ils réfèrent fort souvent, & dont Diogène Laërce, Suïdas & d'autres anciens nous ont conservé les titres, qui suffisent seuls pour nous donner une idée de la grandeur de notre perte.

Leur sagacité. 5. Il est à remarquer aussi que ces grands hommes, par l'effort seul de leur raison, avoient acquis des connoissances que toutes nos expériences, faites avec le secours des instrumens que le hazard nous a procurés, n'ont servi qu'à confirmer. Sans l'aide du télescope, Démocrite avoit connu & enseigné que la voie lactée étoit un assemblage d'étoiles innombrables qui échappoient à notre vue, & dont la clarté réunie produisoit dans le ciel cette blancheur que nous désignons par ce nom; & il attribuoit la cause des taches observées dans la lune à la hauteur excessive de ses montagnes, & à la profondeur de ses vallées : il est vrai que les modernes ont été plus loin,

& qu'ils ont trouvé les moyens de mesurer la hauteur de ces mêmes montagnes; mais encore une fois, il semble que le raisonnement de Démocrite à ces égards étoit celui d'un grand génie, au lieu que les opérations des modernes ne sont que laborieuses & méchaniques. Outre que, comme dit Sénéque, *ad inquisitionem tantorum, ætas una non sufficit,* & que nous avons sur les anciens l'avantage d'avoir pu travailler sur le cannevas qu'ils nous ont fourni.

6. Si l'exemple, que je viens de rapporter, est propre à donner du poids à mon sentiment; que sera-ce donc, si je puis faire voir, comme je l'espere, qu'*il n'est presque pas une des découvertes attribuées aux modernes qui n'ait été non-seulement connue, mais même appuyée par de solides raisonnemens des anciens ?*

7. Je ne veux pas parler des vérités difficiles à appercevoir dans leurs ouvrages, & que l'on n'y trouve que parce que l'on est déterminé de les y trouver; je laisse ce soin aux zélés commentateurs; il convient

Entreprise de l'Auteur.

Son impartialité.

à leur fuperftitieufe admiration pour leurs auteurs. Mais je veux parler de ces vérités qui doivent frapper tout efprit attentif : de celles que Newton, Defcartes & Leibnitz y ont vues, & que tout génie impartial & appliqué y trouvera auffi bien qu'eux.

But qu'il fe propofe.

8. Si je réuffis dans l'exécution de cette entreprife, j'efpere parvenir à mon but, qui eft de recommander moins de prévention contre les anciens, qui ont formé ces modernes que nous admirons aveuglément, comme s'ils ne brilloient pas de la lumiere empruntée de ces illuftres maîtres. Mais quand même je ne pourrois pas m'affurer entiérement du fuccès de mon entreprife, la candeur & l'exactitude avec laquelle je me propofe de la fuivre, me répondent du moins de l'approbation des fçavans dans la tentative de reftituer à ces premiers philofophes une partie de la gloire qui leur eft difputée ; & la maniere dont j'expoferai leurs opinions, en rapportant fcrupuleufement leurs propres termes, rendra la queftion facile à décider.

RECHERCHES

SUR

L'ORIGINE DES DÉCOUVERTES

ATTRIBUÉES

AUX MODERNES.

CHAPITRE PREMIER.

Méthode de DESCARTES, *& sa Logique :
Art de penser de* LOCKE.

9. DEPUIS plus d'un siécle, quelques hommes célébres ont proposé sur la logique & la métaphysique des idées qui ont paru nouvelles. Descartes, Leibnitz, Mallebranche & Locke ont été regardés com-

Systêmes de Descartes, Mallebranche, Leibnitz & Locke, puisés chez les anciens.

me des innovateurs en ces fciences, quoiqu'ils n'aient rien avancé qui ne fe trouve
auffi clairement expliqué dans les ouvrages des anciens que dans leurs propres
écrits, comme il eft aifé d'en juger après
un court examen de leurs principes rapprochés & comparés enfemble.

Logique de Defcartes.

10. Avant que d'admettre aucune méthode, Defcartes pofe (*a*) pour premier
principe, qu'une fois dans la vie, celui qui
cherche la vérité, doit, autant qu'il eft
poffible, douter de tout, & enfuite il propofe quatre régles principales, dans lefquelles confifte toute fa logique (*b*).

Premiere Régle.

11. » La premiere eft de ne recevoir
» jamais aucune chofe pour vraie qu'on ne
» la connoiffe évidemment être telle, c'eft-
» à-dire, d'éviter foigneufement la préci-
» pitation & la prévention, & de ne com-
» prendre rien de plus en fes jugemens,
» que ce qui fe préfente fi clairement à

(*a*) *Cartefii principiorum Philofophiæ, Pars I.
Sect. I.*

(*b*) *Cartefii Differtatio de Methodo, Sect. 2,
p. 7, Ed. Amfterd. 1692, in-4. apud Blaeu.*

» l'esprit, qu'on n'ait aucune occasion de
» le mettre en doute. «

12. » La seconde, de diviser chacune
» des difficultés, qu'on examine, en au-
» tant de parties qu'il se peut, & qu'il est
» requis de les résoudre. «

Seconde Régle.

13. » La troisiéme, de conduire par or-
» dre ses pensées en commençant par les
» objets les plus simples, & les plus aisés
» à connoître, pour monter, peu à peu,
» comme par dégrés, jusqu'à la connois-
» sance des plus composées, & supposant
» même de l'ordre entre ceux qui ne se
» précèdent point naturellement les uns
» les autres «.

Troisiéme Régle.

14. » La quatriéme, de faire par-tout
» des dénombremens si entiers (a) & des
» revues si générales, qu'on se puisse assu-
» rer de ne rien omettre «.

Quatriéme Régle

15. Sans avoir recours aux sceptiques
pour y trouver ce doute, & cette circon-

Indiquées dans Aristo-te.

____

(a) *Arist. Analyt. Poster. Lib.* 2, *c.* 13. *p.* 174.
Sic progrediens ut scire possit nihil esse prætermis-
sum. *Vid. & ad finem hujusdem capitis, pag.* 176.
A. lin. 9 *seq.*

spection si vantée en Descartes, on voit dans Aristote ce premier principe clairement énoncé, & fortement recommandé, par les mêmes raisons qu'allégue Descartes. » Celui, dit Aristote (a), qui cherche » à s'instruire, doit premierement sçavoir

(a) ΑΝΑΓΚΗ πρὸς τὴν ἐπιζητουμένην ἐπιστήμην ἐπελθεῖν ἡμᾶς πρῶτον, περὶ ὧν ἀπορῆσαι δεῖ πρῶτον. Ταῦτα δὲ ἐστιν ὅσα περὶ αὐτῶν ἄλλως ὑπειλήφασί τινες, κἂν εἴ τι χωρὶς τούτων τυγχάνει πρῶτον παρεωραμένον. Ἔστι δὲ τοῖς εὐπορῆσαι βουλομένοις προὔργου τὸ διαπορῆσαι καλῶς. Ἡ γὰρ ὕστερον εὐπορία, λύσις τῶν πρότερον ἀπορουμένων ἐστί· λύειν δ᾽ οὐκ ἔστιν ἀγνοοῦντα τὸν δεσμόν. Ἀλλ᾽ ἡ τῆς διανοίας ἀπορία δηλοῖ τοῦτο περὶ τοῦ πράγματος.

Ad illam, quæ quæritur, scientiam necesse est, in primis nos percurrere, *de quibus primò dubitandum est.* Hæc autem sunt, & quæcunque de eis aliter quidam existimarunt, & si quid ultra hæc prætermissum sit. *Est autem operæ pretium aliquid facultatis habere volentibus, benè dubitare. Nam posterior facultas, solutio eorum est, quæ antè dubitata fuerunt. Solvere autem non est, cùm nodus ignoretur: sed intellectûs hæsitatio, manifestum hoc de re facit. Metaphysic. Lib. 3, cap. 1, pag.* 858. E.

Διὸ δεῖ τὰς δυσχερείας τεθεωρηκέναι πάσας πρότερον, τούτων τε χάριν, καὶ διὰ τὸ τοὺς ζητοῦντας ἄνευ τοῦ διαπορῆσαι πρῶτον, ὁμοίους, εἶναι τοῖς ποῖ δεῖ βαδίζειν

» douter ; le doute de l'esprit conduit à
» manifester la vérité ¹. Et un peu plus loin :
» Quiconque cherche la vérité, sans com-
» mencer à douter de tout, est semblable
» à quelqu'un, qui marche sans sçavoir où
» il va ; & qui, ne connoissant point le

ἀγνοοῦσι, καὶ πρὸς τούτοις, οὐδ' εἴ ποτε τὸ ζητούμενον εὑρη-
κεν ἢ μή, γινώσκειν. τὸ γὰρ τέλος τούτῳ μὲν οὐ δῆλον,
τῷ δὲ καλῶς προκεπορηκότι δῆλον. Ἔτι δὲ βέλτιον ἀνάγκη
ἔχειν πρὸς τὸ κρῖναι, τὸν ὥσπερ ἀντιδίκων καὶ τ̄ ἀμφισβη-
τούτων λόγων ἀκηκοότα πάντων.

Quare omnes primò difficultates speculari par
est, & horum gratiâ, & proptereà *quòd illi, qui
quærunt, nisi primò dubitent, similes illis sunt,
qui quònam ire oporteat, ignorant :* & ad hæc neque utrùm invenerint quod quæritur, an non,
cognoscere possunt. Finis etenim his quidem non
est manifestus : *illi autem, qui anteà dubitaverit,
patescit.* Item, meliùs se habere necesse est illum
ad judicandum, qui tanquam adversarios, omnes
utrinque rationes oppositas audiat. *id.* p. 859. A.

Περὶ γὰρ τούτων ἁπάντων, ᾗ μόνον χαλεπὸν τὸ εὐπορῆσαι τῆς ἀληθείας, ἀλλ' οὐδὲ τὸ διαπορῆσαι τῷ λόγῳ ῥᾴ-
διον καλῶς.

De his enim omnibus non modò invenire verita-
tem difficile, verùm neque benè ratione dubitare
facile est. *id.* p. 860. A.

» but où il se propose d'aller, ne peut sça-
» voir s'il y arrivera ou non ; au lieu que
» celui qui a sçu douter, trouve enfin le
» but où il doit s'arrête .

16. Le même auteur . parlant de la méthode que l'on doit observer dans le raisonnement, enseigne à commencer toujours par les choses les plus évidentes, &
les plus connues, *& à répandre du jour jus-*
que dans les élémens, & dans les principes
des choses les plus obscures, en les divisant, &
les définissant avec soin (a) : en quoi il sem-

Méthode de Descartes.

(a) (Τότε γὰρ οἰόμεθα γινώσκειν ἕκαϛον, ὅταν τὰ αἴτια
γνωρίσωμεν τὰ πρῶτα, καὶ τὰς ἀρχὰς τὰς πρώτας, καὶ
μέχρι τῶν ϛοιχείων) δῆλον ὅτι κ᾽ τῆς περὶ φύσεως ἐπιϛήμης
πειρατέον πρότερον διορίσασθαι τὰ περὶ τὰς ἀρχάς. Πέφυκε
δὲ ἐκ τῶν γνωριμωτέρων ἡμῖν ἡ ὁδὸς καὶ σαφεϛέρων, ἐπὶ τὰ
σαφέϛερα τῇ φύσει, καὶ γνωριμώτερα..... Διόπερ ἀνάγκη
τὸν τρόπον τῦτον προάγειν ἐκ τῶν ἀσαφεϛέρων μὲν τῇ φύσει....
ἐπὶ τὰ σαφέϛερα τῇ φύσει κ᾽ γνωριμώτερα......Ὑϛερον δὲ
ἐκ τουτων γίνεται γνώριμα τὰ ϛοιχεῖα, καὶ αἱ ἀρχαὶ,
διαιροῦσι ταῦτα. Διὸ ἐκ τῶ καθόλου, ἐπὶ τὰ καθ᾽ ἕκαϛα δῖ
προϊέναι

Tunc enim putamus unumquodque cognoscere,
cùm causas primas noverimus, & principia prima,
& usque ad elementa ; perspicuum est, hic quo-

ble

ble que Descartes ait adopté jusqu'à sa maniere de s'exprimer.

17. Descartes étoit persuadé qu'il avoit
découvert le premier l'arme la plus propre
à sapper en ruine le grand boulevard du
scepticisme, en déduisant du doute même une vérité fondamentale; & il croyoit
avoir formé le premier ce syllogisme; *Je
doute* [ou *je pense,*] *donc je suis.* En effet,
on lui a long-temps attribué tout l'honneur
de cet argument, qui se trouve cependant
dans S. Augustin. *Je ne vois pas,* disoit ce
grand homme, *ce qu'il y a de si redoutable
dans le doute des Académiciens; car ils ont*

que tentandum, ut *primùm definiantur ea,* quæ
ad principia naturalis scientiæ pertinent. Naturá-
liter autem constituta est via ab iis, quæ sunt *nobis notiora, & clariora,* ad ea, quæ sunt clariora, & notiora *naturâ* .... Quare necesse est
hoc modo progredi, nimirùm ex iis, quæ naturâ
quidem sunt obscuriora .... ad ea, quæ sunt
notiora, & clariora naturâ .... Deinde iis,
qui hæc dividunt, *ex ipsis elementa & principia
innotescunt.* Idcircò ab universalibus ad singularia
progredi oportet. *Ariftot. Physic. Auscultat. Lib.* 1.
de methodo hujus libri, tom. 1, p. 315. *A & B.*

Part. I.   B

beau dire que je puis me tromper ; si je me trompe, j'en conclus que je suis : car celui qui n'est pas, ne peut pas se tromper ; & par cela même que je me trompe, je sens que je suis (a).

Principes de Locke les mêmes que ceux d'Aristote.

18. Tout ce qu'a dit Locke, dans son *Essai sur l'entendement humain*, a été le fruit d'une observation exacte des principes d'Aristote, lequel tenoit que toutes nos idées venoient originairement des sens, & disoit qu'un aveugle ne pouvoit avoir l'idée des couleurs (b), ni un sourd la notion du bruit : il établissoit les sens pour juges de la vérité, quant aux opérations de l'imagination ; & l'entendement, par rapport aux choses qui regardent la régle de notre vie, & la morale : & il a fondé ce

---

(a) Mihi esse, idque nosse, & amare, certissimum est. *Nulla in his veris Academicorum argumenta formido, dicentium : Quid si falleris ? Si enim fallor, sum : nam qui non est, utique nec falli potest, ac per hoc sum, si fallor.* Quo argumento usus quoque est aliis locis. *August. de Lib. arbit. lib.* 2, *c.* 3, *& idem de Civit. Dei, lib.* 11, *c.* 26.

(b) *Aristoteles Physic. Auscult. Lib.* 2. *c.* 1. *to.* 1. *p.* 328. *B.*

principe, fi renommé des Péripatéticiens, qu'*Il n'y a rien dans l'efprit qui n'y foit entré par les fens ;* lequel eft répandu dans mille endroits différens de fes ouvrages (*a*). Mais fur-tout Locke a puifé chez les Stoï-

---

(*a*) Ex fenfu memoria ; ex memoriâ experientia ; ex multis experimentis in unum collectis exfurgit univerfale, quod apprehendit intellectus, ex quo aliquid concludit διάνοια. *Ariftoteles Analytic. Pofterior. Lib.* 2, *Tractatus* 4, *cap.* 19, *vel ultim. pag.* 179, C. D. E. *& feq. Edit. Duval.* 1629. *Vide & Averroëm in hunc locum.... Et Diogenes Laertius in Ariftotelem, Lib.* 5, *Sect.* 29.

    » Il eft bon de remarquer ici, que ce fa-
» meux axiome de l'école péripatéticienne : *Nihil*
» *eft in intellectu quod non priùs fuerit in fenfu,*
» n'eft point d'Ariftote, comme on le croit ordi-
» nairement, ni même de fes plus anciens com-
» mentateurs : c'eft un des axiomes introduits par
» les fcholaftiques, & appuyé principalement fur
» le paffage ici cité, & le dernier chapitre du fe-
» cond Livre d'Ariftote *de animâ.* A la fuite du paf-
» fage cité dans cette note fe trouve feulement
» cette expreffion : *itaque* nec infunt *definiti habi-
tus ; nec fiunt ex aliis habitibus notioribus,* fed ex fenfu. *Vid. Philopon. in hunc locum. p.* 149. *col.* 1. *Themiftium in eund. loc. cap.* 35 & 37.

ciens ce qui fait le fond de fon fyftême : une courte expofition des deux fentimens fuffira pour en convaincre le lecteur.

Locke com-
paré avec les
Stoïciens. 19. Le philofophe Anglois fait, des fenfations, les matériaux dont la réflexion fe fert pour compofer les notions de l'ame : les fenfations chez lui font des idées fimples, dont la réflexion forme les idées complexes ; c'eft-là le fondement de fon livre, dans lequel il eft vrai qu'il a répandu un grand jour fur la maniere dont nous acquérons nos idées, & fur leur affociation ; mais il eft clair auffi, par tout ce que Sextus Empiricus, Plutarque & Diogene Laërce nous ont confervé de la doctrine des Stoïciens, qu'ils raifonnoient de la même maniere que Locke a fait de nos jours ; & on peut juger par ce qu'en dit Plutarque, que fi tout ce qu'ils ont écrit fur ce fujet [dans les ouvrages dont il ne nous refte que les titres] étoit parvenu jufqu'à nous, nous n'aurions pas eu befoin de l'ouvrage de Locke. » Le fond de la doctrine de Zénon » & de fon école fur la logique, étoit, » que toutes nos notions nous viennent des

» sens (*a*). L'esprit de l'homme, à sa naiſ-
» sance, eſt ſemblable, diſoient les Stoï-
» ciens, au papier blanc diſpoſé à recevoir

(*a*) Οἱ Στωϊκοί φασιν, Ὅταν γεννηθῇ ὁ ἄνθρωπος, ἔχει τὸ ἡγεμονικὸν μέρος τῆς ψυχῆς, ὥσπερ χάρτης ἀργῆς εἰς ἀπογραφήν. εἰς τοῦτο μίαν ἑκάστην τῶν ἐννοιῶν ἐναπογράφεται. Πρῶτος δὲ ὁ τῆς ἀναγραφῆς τρόπος, ὁ διὰ τῶν αἰσθήσεων. Αἰσθανόμενοι γάρ τινος, οἷον λευκοῦ, ἀπελθόντος αὐτοῦ, μνήμην ἔχουσιν· ὅταν δὲ ὁμοειδεῖς πολλαὶ μνῆμαι γένωνται, τότε φασὶν ἔχειν ἐμπειρίαν· ἐμπειρία γάρ ἐστι τὸ τῶν ὁμοειδῶν πλῆθος. Τῶν δὲ ἐννοιῶν αἱ μὲν φυσικαὶ γίνονται κατὰ τοὺς εἰρημένους τρόπους, κ̇ ἀνεπιτεχνήτως· αἱ δὲ ἤδη δι᾽ ἡμετέρας διδασκαλίας, κ̇ ἐπιμελείας. Αὗται μὲν οὖν, ἔννοιαι καλοῦνται μόνον, ἐκεῖναι δὲ κ̇ προλήψεις. Ὁ δὲ λόγος, καθ᾽ ὃν προσαγορευόμεθα λογικοί, ἐκ τῶν προλήψεων συμπληροῦσθαι λέγεται, κατὰ τὴν πρώτην ἑβδομάδα. Ἔστι δὲ νόημα φάντασμα διανοίας λογικοῦ ζῴου.

Stoïci dicunt : Quùm natus fuerit homo, is *prin-cipem animæ partem veluti chartam habet, in quâ aliquid exarare conetur ;* adeòque in illâ animæ parte unamquamque notionem à ſe comparatam inſcribit. Primus verò ejuſmodi ſcriptionis, vel ſcribendi modus eſt *ille, qui per ſenſus efficitur.* Qui enim objectum aliquod ſentiunt, ut album, illo ſublato, vel recedente, ejus adhuc memoriam habent : *quùm verò plures ejuſmodi memoriæ formâ inter ſeſe ſimiles efformatæ fuerint, tunc Stoïci nos experimentum habere dicunt ; experimentum enim eſt*

» tout ce que l'on veut y écrire ; les pre-
» mieres impreſſions qu'il reçoit, lui vien-
» nent des ſens ; les objets ſont-ils éloignés,
» la mémoire ſert à retenir ces impreſſions ;
» la répétition de ces mêmes impreſſions fait
» l'expérience. Les notions ſont de deux
» genres, naturelles & artificielles ; les na-
» turelles ſont les vérités qui ont leur ſour-
» ce dans les ſenſations, ou ſont acquiſes
» par les ſens ; c'eſt pourquoi ils les appel-
» loient auſſi anticipations : les notions ar-
» tificielles ſont produites par la réflexion
» de l'eſprit, dans des êtres doués de raiſon.

multitudo notionum plurium formâ ſimilium. Notionum verò phyſicæ quidem juxta prædictos modos
fiunt, ſolo ſenſuum naturæque præſidio, ſine
arte ; aliæ verò doctrinâ, ſtudioque, vel induſtriâ
noſtrâ comparantur. Itaque *hæ quidem notiones* ſo-
lùm *vocantur ; illæ* verò *anticipationes* etiam, *vel
prænotiones dicuntur.* Ratio verò, propter quam ra-
tionales vocamur, ex anticipationibus perfici, ſive
compleri dicitur in primo ſeptenario, primis nempè
ſeptem ætatis annis. Notio verò, mentiſque con-
ceptus eſt imago cogitationis, quæ ab animali ra-
tionis compote producatur. *Plutarchus de Placitis
Philoſoph. lib. 4, c. 11. Vide & Diog. Laert. Lib.
7. Sect. 51, 52, 53, 54.*

CHAPITRE II.

Idées innées de DESCARTES & de LEIB-
NITZ, tirées de PLATON, HÉRACLITE,
PYTHAGORE, & des Chaldéens. Syſtéme
de MALLEBRANCHE, puiſé dans la même
ſource & dans S. AUGUSTIN.

20. LES idées innées des premieres vérités, défendues par Deſcartes & Leibnitz,
& qui ont élevé des diſputes ſi vives & ſi
ſubtilement diſcutées parmi les métaphy-
ſiciens de ce ſiécle, ont puiſé leur origine
dans Platon, ſource féconde des vérités les
plus ſublimes pour un eſprit attentif. Ce
grand philoſophe, qui a mérité le ſurnom
de divin, parce qu'il a le mieux parlé de
la Divinité, avoit cependant un ſentiment
erroné & particulier ſur l'origine de l'ame,
» qu'il diſoit être émanée de l'eſſence di-
» vine où elle s'étoit imbue de la connoiſ-
» ſance des idées ; mais qu'ayant péché elle
» étoit déchue de ſon premier état, &
» avoit été condamnée à demeurer unie au

» corps, dans lequel elle étoit retenue com-
» me dans une prison (*a*) ; & que l'oubli de
» ses premieres idées étoit la suite néces-
» saire de cette peine . il ajoutoit que l'a-
» vantage de la philosophie étoit de répa-
» rer cette perte , en ramenant l'esprit peu
» à peu à ses premieres connoissances ; &
» que cela ne pouvoit s'accomplir qu'en
» l'accoutumant comme par degrés à con-
» noître ses propres idées , & par un res-
» souvenir complet, à comprendre sa pro-
» pre essence , & la vraie essence des cho-
» ses «. De ce premier principe de l'émanation divine de l'ame dans la philosophie
de Platon, il s'ensuivoit donc naturellement que l'ame (*a*) avoit eu autrefois en elle-

---

(*a*) Animus gravi sarcinâ pressus, explicari cupit,
& reverti ad alia, quorum fuit ; nam corpus hoc
animi pondus, ac pœna est ; premente illo urgetur,
in vinculis est ; nisi accessit philosophia , & illum
respirare rerum naturæ spectaculo jussit , & à terre-
nis dimisit ad divina. Hæc libertas ejus est , hæc
evagatio. Subducit interim se custodiæ , in quâ te-
netur, & cælc reficitur. *Seneca Epist. 65. p. 494. B.*

(*a*) Ἅτε δν ἡ ψυχὴ ἀθάνατός τε ἐσα, καὶ πολλάκις γε-
γονυῖα, κỳ ἑωρακῦια, κỳ τὰ ἐνθάδε, κỳ τὰ ἐν ᾅδε, κỳ πάντα

même les connoiſſances de toutes choſes ;
& qu'elle avoit encore conſervé la faculté

χρήματα, οὐκ ἔστιν ὅ, τι οὐ μεμάθηκεν...... Ἅτε γὰρ τῆς φύσεως ἁπάσης συγγενοῦς οὔσης, καὶ μεμαθηκυίας τῆς ψυχῆς ἅπαντα, οὐδὲν κωλύει, ἓν μόνον ἀναμνησθέντα (ὃ δὴ μάθησιν καλοῦσιν ἄνθρωποι) τἆλλα πάντα αὐτὸν ἀνευρεῖν, ἐάν τις ἀνδρεῖος ᾖ, κὴ μὴ ἀποκάμῃ ζητῶν· τὸ γὰρ ζητεῖν ἄρα κὴ τὸ μανθάνειν, ἀνάμνησις ὅλον ἐστίν. *Plato in Menone, tom. 2, p. 81.* Quùm igitur animus immortalis ſit, & *ſapenumerò redivivus exſtiterit,* eaque, quæ hîc ſunt, & apud inferos viderit, nihil unquam rerum eſt, quas non didicerit..... Quùm enim univerſa natura uno quodam, cognatoque genere contineatur, & omnia animus didicerit, nihil impedit hominem uno quodam in memoriam revocato (quod diſciplinam vocant) omnia cætera invenire, ſi quis virili animo fuerit, nec inveſtigando defetiſcat. *Nam inveſtigare, & diſcere omninò eſt reminiſcentia. Confer. p. 35. in Epimonide, tom. 2, p. 974, & in Phæd. t. 3, p. 249,* ubi: Τοῦτό ἐστιν ἀνάμνησις ἐκείνων, ἅ ποτ' εἶδεν ἡμῶν ἡ ψυχὴ συμπορευθεῖσα τῷ θεῷ. *Hoc eſt recordatio illarum rerum, quas olim vidit animus noſter cum* DEO *profeſtus.*

Et à l'occaſion du mot σῶμα *in Cratylo, to. 1,* pag. 400. Καὶ Σῆμα τινές φασιν αὐτὸ (σῶμα) εἶναι τῆς ψυχῆς, ὡς τεθαμμένης ἐν τῷ νῦν παρόντι. Nam ſepulcrum animæ corpus eſſe aiunt quidam, tanquam ad hoc quidem tempus anima ſit in corpore ſepulta.

de se rappeller son origine immortelle, &
ses premieres connoissances. Descartes &
Leibnitz ont raisonné de la même maniere,
en admettant des vérités éternelles &
premieres, imprimées en nos ames; . . . . .
ils ont substitué la préexistence & la création des ames à leur émanation de la Divinité, enseignée par Platon; & ils ont défendu ce système avec les mêmes raisons,
dont s'étoit servi Platon, & qui paroissent
être puisées dans cet auteur même.

Système de
Mallebran.

21. Mallebranche parut ensuite sur les

Et peu après : Δοκοῦσι μέντοι μοι μάλιστα θέσθαι οἱ ἀμφὶ
Ὀρφέα τοῦτο τὸ ὄνομα, ὡς δίκην διδούσης τῆς ψυχῆς, ὧν
δὴ ἕνεκα δίδωσι· τοῦτον δὲ περίβολον ἔχειν, ἵνα σῴζηται,
δεσμωτηρίου εἰκόνα· εἶναι οὖν τῆς ψυχῆς τοῦτο αὐτό, ὥσπερ
ὀνομάζεται, ἕως ἂν ἐκτίσῃ τὰ ὀφειλόμενα, τὸ σῶμα.
Videntur tamen mihi Orphæi studiosi, istius voca-
buli originem optimè notasse, videlicet, ut signi-
ficetur anima pœnas pendere, & quidem explicari,
quâ de causâ pœnas pendat. Animam igitur, quasi
vallum, claustrumque, carceris scilicet imaginem, hoc corpus circumferre, ut ipsa servetur, ac
proindè illud ipsum animæ esse corpus, quod præ
se fert vocabulum, donec quæ debet anima plenè
in corpore persolverit.

rangs pour défendre les principes de Descartes, & s'engagea lui-même à soutenir
une opinion sur la nature des idées, qui
étonna tous les esprits par une singularité
apparente, que l'on traita presque d'extra-
vagance, quoique ce philosophe n'eût cependant rien avancé qui ne puisse s'appuyer sur l'autorité des plus beaux génies de l'Antiquité tels que Pythagore,
Parménides, Héraclite, Démocrite, Platon, & Saint Augustin; sans faire men-
tion de l'école Chaldéenne, d'où l'opinion du P. Mallebranche semble être premierement dérivée.

22. Dans la seconde partie de la *Recherche de la vérité*, cet auteur célébre, après
avoir défini l'idée, *l'objet immédiat* ou *le
plus proche de l'esprit, quand il apperçoit
quelque objet*, démontre la réalité de leur
existence, en faisant voir qu'elles ont des
propriétés; ce qui ne peut jamais arriver
au néant, qui n'a point de propriété; il
distingue ensuite les sentimens d'avec les
idées; il examine les cinq différentes manieres, dont l'esprit peut voir les objets

de dehors ; il réfute les quatre premieres ;
pour établir la cinquiéme, qui est celle
qu'il soutient être la seule conforme à la
raison, & qu'il expose, en disant qu'il est
absolument nécessaire que Dieu ait en lui-
même les idées de tous les êtres qu'il a
créés, puisqu'autrement il n'auroit pas pu
les produire ; il ajoute qu'il faut de plus
sçavoir que Dieu est étroitement uni à nos
ames par sa présence, de sorte qu'on peut
dire qu'il est le lieu des esprits, de même
que les espaces sont dans un sens le lieu des
corps ; & il en conclut, que l'esprit peut
connoître ce qu'il y a dans Dieu qui repré-
sente les êtres créés, supposé que Dieu
veuille bien se communiquer à nous de
cette maniere ; ce qu'il prouve ensuite par
des raisons qui ne sont plus de ce sujet.
Et dans ses *Entretiens métaphysiques* (a), il
fait remarquer que Dieu, ou la raison universelle, renferme les idées qui nous éclai-
rent, & que les ouvrages de Dieu ayant
été formés sur ces idées, on ne peut mieux

____

(a) *Troisiéme Entretien, Sect. II.*

faire que de les contempler pour découvrir la nature & les propriétés des êtres créés.

23. On a commencé par traiter Malle-branche de visionnaire, pour avoir avancé ces sentimens, quoiqu'il les eût accompagnés des preuves les plus judicieuses & les plus solides que puisse fournir la métaphysique, & on n'a point songé à l'accuser de plagiat, quoique son système & sa maniere de le prouver se trouvassent à la lettre dans les auteurs anciens que je viens de nommer.

Mallebranche autorisé des anciens.

24. Pour mieux justifier la vérité de ce que j'avance ici, je commencerai par rapporter la doctrine des Chaldéens, laquelle paroîtra peut-être exposer moins clairement ce système ; mais cela doit être attribué plutôt à l'éloignement du temps & au peu de fragmens qui nous restent de leurs écrits, qu'à toute autre raison ; & afin de les rapprocher de nous en partie, voyons ce qu'en dit Proclus, qui étoit plus à portée que nous de les entendre : voici les (a) vers

Doctrine des Chaldéens sur les idées.

(a) Νοῦς Πατρὸς ἐῤῥοίζησε νοήσας ἀκμάδι βουλῇ
Παμμόρφους ἰδέας, πηγῆς δ' ἀπὸ μιᾶς ἀποπτᾶσαι
Ἐξέθορον· πατρόθεν γὰρ ἔην βουλή τε, τέλος τε.

que cet auteur rapporte ; & après avoir cité
ces fragmens, qu'il regarde comme des
oracles des dieux, il dit : « Les dieux dé-
» clarent ici où se trouve l'existence des
» idées ; quel est ce Dieu qui en est la sour-
» ce unique ; *comment le monde a été formé*
» *d'après leur modele, & comment elles sont*

Mens Patris striduit, intelligens indefesso consilio
Omniformes ideas ; *fonte verò ab uno evolantes*
Exilierunt ; à Patre enim erat & consilium, & finis.
 Oracula Chaldæorum, v. 100.

Ἀλλ' ἐμερίσθησαν, νοερῷ πυρὶ μοιρηθεῖσαι,
Εἰς ἄλλας νοεράς, κόσμῳ γὰρ ἄναξ πολυμόρφῳ
Προύθηκεν νοερόν τύπον ἄφθιτον, ὃ κατὰ κόσμον,
Ἴχνος ἐπειγόμενος μορφῆς, καθ' ἃ κόσμος ἐφάνθη
Παντείαις ἰδέαις κεχαρισμένος, ὧν μία πηγή. &c.
Sed divisæ sunt, intellectualem ignem forte nactæ,
In alias intellectuales ; mundo enim Rex multiformi
Proposuit *intellectualem typum*, incorruptibilem,
non ordine,

Vestigium properans formæ, prout mundus adparuit
Omnigenis ideis donatus, quarum unus fons. &c.
v. 105.

Νοέμβραι Ἰ'υχῆες πατρόθεν νοέωσι καὶ αὐταί,
Βουλαῖς ἀφθέγκτοισι κινεύμεναι, ὥςε νοῆσαι.
Intellectæ ideæ à Patre intelligunt & ipsæ,
Consiliis ineffabilibus motæ, ut intelligentes.
v. 117

» *la source de toutes choses :* d'autres pour-
» ront découvrir de profondes vérités dans
» leurs recherches sur ces notions divines ;
» pour nous, il nous suffit d'y voir que les
» dieux eux-mêmes ratifient les contempla-
» tions de Platon, *en donnant le nom d'idées*
» *à ces causes intellectuelles* , & affirmant
» *qu'elles sont l'archétype du monde* , & la
» pensée du Pere ; *qu'elles résident en effet*
» *dans l'intelligence du Pere* , *& procédent*
» *de lui pour concourir à la formation du*
» *monde.*

25. Quant au sentiment de la secte Italique, il est assez généralement reconnu de
tous les sçavans que Pythagore & tous ses
disciples ont presque entendu la même
chose par les nombres, que ce que Platon
a enseigné sur les idées ; M. Brucker a mis
cette question hors de doute dans la sçavante
histoire qu'il a écrite des idées, & dans
plusieurs endroits de son excellent ouvrage
sur l'histoire de la philosophie. Il fait voir
que les Pythagoriciens s'exprimoïent, à
l'égard des nombres, dans les termes mêmes employés par Platon; ils les appelloient

τὰ ὄντως ὄντα, *reverà exiſtentia* (*a*); c'étoient *les ſeuls êtres qui exiſtaſſent….véritablement, éternellement immobiles ;* ils les appelloient des êtres incorporels, & par qui les autres êtres participent à l'exiſtence.

Opinion d'Héraclite.

26. Héraclite adopta les premiers principes des Pythagoriciens, & les expoſa d'une maniere plus claire & plus ſyſtématique ; il diſoit (*b*) que tout dans la nature

(*a*) Τὰ ὄντως ὄντα, τὰ κατὰ, καὶ ἀσαύτως ἀεὶ διατελῶντα ἐν τῷ κόσμῳ, καὶ οὐδέποτε τοῦ εἶναι ἐξιστάμενα, οὐδὲ ἐπὶ βραχύ. ταῦτα εἴη τὰ ἄϋλα, καὶ ὧν κατὰ μετουσίαν ἕκαστον λοιπόν, τῶν ὁμωνυμῶς ὄντων καλουμένων, τὸ δέ τι λέγεται, καὶ ἐστί. Reverà exiſtentia, quæque ſecundùm idem, ac eodem ſemper modo ſunt perfecta, & nunquam, ne minimo quidem temporis momento, immutantur. Hæc verò eſſe expertia materiæ, ac quorum per participationem'cætera, quæ æquivocè dicuntur eſſe, ſunt ac dicuntur, ut ex Pythagorâ habet *Nicomachus in Theologumenis Arithmeticis.*

(*b*) Συνέβη ἡ περὶ τῶν ἰδῶν δόξα τοῖς εἰποῦσι, διὰ τὸ πεισθῆναι περὶ ἀληθείας, τοῖς Ἡρακλειτείοις λόγοις, ὡς πάντων τῶν αἰσθητῶν ἀεὶ ῥεόντων, ὡς εἴπερ ἐπιστήμη τινὸς ἔσται, καὶ φρόνησις, ἑτέρας δεῖν τινὰς φύσεις εἶναι, παρὰ τὰς αἰσθητὰς, μενούσας· οὐ γὰρ εἶναι τῶν ῥεόντων ἐπιστήμην. Ἀλλ' ὁ μὲν Σωκράτης τὰ καθόλου οὐ χωριστὰ ἐποίει, οὐδὲ τοὺς ὁρισμούς. οἱ δὲ ἐχώρισαν, καὶ τὰ τοιαῦτα, τῶν ὄντων ἰδέας

étant

étant dans un changement perpétuel, il devoit y avoir *des êtres permanens, sur la connoissance desquels toute la science fût fondée, & qui devoient servir à régler notre jugement sur les choses sensibles & changeantes.*

27. Démocrite enseigna aussi *l'existence des idées universelles des choses, qu'il croyoit être participantes de la Divinité, d'où elles étoient émanées* (a). M. Bayle [art. DÉMO-

Démocrite a précédé Malebranche en son système, suivant Bayle.

προσηγόρευσαν· ὥςε συνέβαινεν αὐτοῖς σχεδόν τῷ αὐτῷ λόγῳ, πάντων ἰδέας εἶναι τῶν καθόλου λεγομένων. Contigit verò opinio de ideis, illis, qui proptereà quòd de veritate persuasi essent, adhæserant Heracliti placitis, *quòd sensibilia omnia semper fluant.* Quòd si igitur scientia alicujus rei vel prudentia sit, oportere *alias* quoque *existere naturas permanentes præter sensibiles.* Non enim fluentium dari scientiam. Verùm Socrates quidem universalia non separata posuit, neque etiam definitiones. Illi verò separarunt, *ac ejusmodi* (universalia) *ideas entium appellarunt.* Quarè ferè accidit eis eâdem ratione, ut *omnium, quæ universaliter dicuntur, ideæ sint. Aristoteles métaphys. L. XI. c. 4. p. 957.*

(a) Democritus tùm censet, imagines divinitate præditas inesse universitati rerum; tùm principia, mentesque, quæ sunt in eodem universo, Deos esse dicit; tum animantes imagines, quæ vel prodesse

Partie I.   C

CRITE, *note* p.] en comparant le fentiment de Démocrite avec le fyftême de Mallebranche, s'exprime en ces termes : » Pre-
» nez bien garde que Démocrite enfeignoit
» que les images des objets font des éma-
» nations de Dieu, & font elles-mêmes un
» Dieu ; & que l'idée actuelle de notre ame
» eft un Dieu ; y a-t-il bien loin de cette
» penfée à dire que nos idées font en Dieu,
» comme le P. Mallebranche l'a dit , &
» qu'elles ne peuvent être une modification
» d'un efprit créé ? ne s'enfuit-il pas de-là
» que nos idées font Dieu lui-même ? «
Non , pourroit répondre un Mallebran-
chifte à M. Bayle ; la conféquence que vous tirez ici contre le P. Mallebranche n'eft ni jufte, ni néceffaire. Dire que Dieu nous communique les idées qui font en lui, n'eft pas dire que nos idées font Dieu lui-même ; ce font toujours les idées éternel-les de Dieu , que nous appercevons ; &

---

folent, vel nocere ; tùm ingentes quafdam imagi-nes, tantafque, ut univerfum mundum complec-tantur, extrinfecùs. *Cic. de naturâ Deor. Lib. I. Sect.* 165 , *p.* 200.

quand nous les appellons nos idées, nous
parlons ainſi abuſivement, pour dire la
maniere dont nous contemplons ou concevons les idées que Dieu nous communique.
Mais ce n'eſt point ici le lieu de défendre
Mallebranche, il ſuffit à mon ſujet de re-
préſenter l'analogie de ſes principes avec
ceux des anciens.

28. Paſſons à Platon, celui de tous les
philoſophes, qui pour avoir le mieux expliqué & détaillé ce ſyſtême, a mérité d'en
être regardé comme le premier auteur.
» Platon donnoit l'appellation d'idées à
» des ſubſtances éternelles, intelligentes,
« qui étoient à l'égard des Dieux, les for-
» mes exemplaires de tout ce qui avoit été
» créé, & à l'égard des hommes l'objet de
» toute la ſcience, & de leur contempla-
» tion pour apprendre à connoître les cho-
» ſes ſenſibles : le monde (a) avoit toujours

Doctrine de
Platon ſur
les idées.

(a) Τὸ δὲ ἐπισκεπτέον περὶ αὐτ. (κόσμου), πρὸς πότερον
τῶν παραδειγμάτων ὁ τεκταινόμενος αὐτὸν ἀπειργαζετο·
πότερον πρὸς τὸ κατὰ ταὐτὰ, καὶ ὡσαύτως ἔχον, ἢ πρὸς τὸ
γεγονός· εἰ μὲν δὴ καλός ἐστιν ὅδε ὁ κόσμος, ὅ, τε δημιεργὸς
ἀγαθός, δῆλον, ὡς πρὸς τὸ ἀΐδιον ἔβλεπεν. ε δε (ὃ μηδ'

» exifté, fuivant Platon, dans les idées de
» Dieu, lequel ayant enfin déterminé de
» le faire exifter tel que nous le voyons, le
» créa fur ces exemplaires éternels, &

εἰπεῖν τινι ἡμᾶς) πρὸς τὸ γεγονός. Παντὶ δὲ σαφές, ὅτι πρὸς
τὸ ἀΐδιον.

Illud confiderandum eft de univerfo, *ad quod
exemplar* opifex illud fit architectatus, effeceritque,
an ad illud, quod earum eft rerum., quæ eodem
modo femper habent, quod femper unum, & idem
eft fui fimile, an ad id, quod generatum, ortum-
que diximus. Atqui fi pulcher eft hic mundus, fi
bonus eft ejus opifex, perfpicuum eft, ipfum *ad
fempiternum illud exemplar refpexiffe*, fin minùs,
(quod dictu quidem nefas eft) generatum exemplar fibi propofuit. At quilibet fanè perfpexerit,
fempiternum exemplar fibi propofuiffe. *Plato in Timæo*, to. 7. p. 28.

Et in eodem Dialogo : ὁμολογητέον εἶναι τὸ κατὰ
ταὐτὰ ἔχον εἶδος, ἀγέννητον, καὶ ἀνώλεθρον, οὐδὲ εἰς ἑαυτὸ
εἰσδεχόμενον ἄλλο ἄλλοθεν, οὔτε αὐτὸ εἰς ἄλλο ποιον, ἀόρα-
τον δὲ, καὶ ἄλλως ἀναίσθητον τοῦτο, ὃ δὴ νόησις εἴληχεν
ἐπισκοπεῖν. Neceffe eft, effe fpeciem, quæ femper eadem fit, fine ortu, atque interitu, quæ nec in fe acci-
piat quidpiam aliud aliundè, nec ipfa procedat ad
aliud quidpiam, fenfuque corporis nullo percipiatur;
atque hoc eft, quod ad folam intelligentiam pertinet.

» forma le monde fenfible fur l'image du
» monde intellectuel ». Cicéron parlant de
ce fentiment de Platon, dit (*a*) : » qu'il ap-
» pelle les formes des chofes *idées ;* qu'il
» n'accorde point qu'elles aient été produi-
» tes, mais leur donne une exiftence éter-
» nelle, & les fait réfider dans la raifon
» & l'intelligence de Dieu. »

29. Nous venons de voir, en expofant
le fentiment d'Héraclite, ce qui pouvoit
avoir porté Platon à époufer cette doctrine. Admettant comme lui la fluctuation
perpétuelle des chofes fenfibles, il fentoit
que les fondemens de la fcience ne pouvoient fubfifter, s'ils n'étoient établis fur
des êtres réels & permanens, qui puffent
être l'objet certain de nos connoiffances,
& que l'efprit devoit confulter, pour connoître les chofes fenfibles. On voit bien
par les paffages cités de Platon, que c'étoit-
là clairement fa penfée, & il fuffit de les
mettre fous les yeux pour faire voir que

____

(*a*) *Has rerum formas appellat ideas Plato, eaf-*
que gigni negat : & ait femper effe, *ac* ratione, &
intelligentia contineri. Cic. de Orat. N°. 10.

Mallebranche a puisé dans cet auteur tout ce qu'il a dit sur ce sujet dans sa *Recherche de la vérité*, & ses *Entretiens métaphysiques*.

30. Je ne rapporterai plus qu'un passage de S. Augustin qui donnera la plus grande évidence à cette assertion, & fera voir, que c'est à grand tort que les Théologiens se sont récriés contre Mallebranche, pour avoir soutenu un sentiment qu'ils accusoient d'impiété en lui, sans jamais penser à faire la même imputation aux auteurs originaux qu'il avoit copiés. On verra par ce passage que, selon S. Augustin, *les idées sont éternelles & immuables ; qu'elles sont les exemplaires, ou les archétypes des créatures ; enfin qu'elles sont en Dieu :* en quoi il différoit de Platon qui les séparoit de l'essence divine ; & on jugera aisément du rapport parfait qui se trouve entre ce S. pere & le philosophe moderne (*a*).

S. Augustin a suivi la tradition, & Mallebranche les a copiés tous deux.

(*a*) Ideas Plato primus appellasse perhibetur : non tamen, si hoc nomen antequàm ipse institueret, non erant quas ideas vocavit, vel à nullo erant intellectæ. Nam non est verisimile, sapientes aut

31. Leibnitz étoit un peu de l'avis du P.

nullos fuisse ante Platonem ; aut istas, quas Plato ideas vocat, quæcunque res sint, non intellexisse. Siquidem in eis tanta vis constituitur, ut nisi his intellect. sapiens esse nemo possit.... Sed rem videamu quæ maximè consideranda est, atque noscenda..... Sunt *idea* principales *forma quædam*, vel *rationes rerum stabiles*, atque incommutabiles, quæ ipsæ formatæ non sunt, ac per hoc *æterna*, ac semper eodem modo sese habentes, quæ *in divinâ intelligentiâ continentur.* Et cùm ipse neque oriantur, neque intereant, *secundùm eas tamen formari dicitur omne, quod oriri, vel interire potest.....* Quod si rectè dici, vel credi non potest, Deum irrationabiliter omnia condidisse, restat, ut omnia ratione sint condita. Nec eâdem ratione homo, quà equus : hoc enim absurdum est existimare. Singula igitur propriis sunt creata rationibus. Has autem rationes ubi arbitrandum est esse, nisi *ex ipsâ mente creatoris ?* Non enim extra se quidquam positum intuebatur, ut secundùm id constituerit, quod constituebat : nam hoc opinari sacrilegum est. Quod si *ha rerum omnium creandarum*, creatarumve *rationes in divinâ mente continentur*, neque in divinâ mente quidquam, nisi æternum, atque incommutabile, potest esse, atque has rationes principales appellat Plato : *non solùm sunt idea, sed ipse vera sunt, quia æterna* sunt, & ejus-

Mallebranche (a), & il étoit assez naturel qu'il le fût, ayant adopté les mêmes principes de Pythagore, de Parménide & de Platon, comme nous le ferons voir en passant de la métaphysique à la physique ; il suffira de dire ici qu'il entendoit par ses monades (b. *les êtres véritablement existans ; des substances simples , images éternelles des choses universelles.*

---

modi, atque *incommutabiles* manent; *quarum participatione fit , ut sit quidquid est , quoquomodò est.* S. Augustin. Lib. 83. Quæst. 46.

(a) Non tamen displicuit in totum Mallebranchii opinio magno philosopho G. G. Leibnitio, qui in meditationibus de veris, & falsis ideis, *Actis Eruditis.* 1684, *mens. Nov.* p. 541, insertis, *eam , ait, si sano sensu intelligatur, non omninò spernendam esse , ita tamen, ut præter illud, quod in Deo videmus , necesse sit, nos quoque habere ideas proprias , id est , non quasi icunculas quasdam , sed affectiones, sive modificationes mentis nostræ respondentes ad id ipsum , quod in Deo perciperemus.* Brucker , p. 1166.

(a) *In Epist. ad Hanschii Tractatum de Enthusiasmo Platonico* τὰ ὄντως ὄντα *simulacra universitatis.* τὰ ὄντως ὄντα, substantias simplices, Deum, animas, mentes.

CHAPITRE III.

Des Qualités sensibles.

32. Il n'y a point de partie de la philosophie qui ait fait moins de progrès chez
le vulgaire, que celle qui, traitant des
qualités sensibles, les bannit entierement
des corps, pour les faire résider dans l'esprit. Les plus célèbres philosophes de l'Antiquité ont reconnu cette vérité, qui naif-
soit naturellement des principes de leur
philosophie, & dont ils déduisoient les
mêmes conséquences. Démocrite, Socrate,
Aristippe, chef de la secte Cyrénaïque,
Platon, Epicure & Lucrèce ont dit clairement que le froid, la chaleur, les odeurs
& les couleurs n'étoient que des sensations
excitées dans notre ame, par la différente
opération des corps qui nous environnent,
sur chacun de nos sens; & il est aisé de
faire voir qu'Aristote même étoit de l'opinion (a) : *Que les qualités sensibles existent*

Les qualités sensibles reconnues des anciens avoir toute leur existence dans l'ame.

(a) *Arist. Problem.* 33. *Sect.* 11, *p.* 741, *tom.* 2.

dans l'ame, quoique, par sa maniere obscure de s'expliquer là-dessus, & ses qualités occultes, il ait donné sujet de croire qu'il pensoit autrement ; il n'y a que les scholastiques, que je sçache, qui aient positivement cru & enseigné que les qualités sensibles existoient dans les corps comme dans les esprits, & qu'il y avoit dans les corps lumineux, par exemple, la même chose que ce qui est en nous, quand nous voyons la lumiere. Et comme la philosophie scholastique s'étoit emparée pendant quelques siécles de tous les esprits, lorsque Descartes, & Mallebranche après lui, se sont élevés contre un préjugé aussi répandu, & qu'ils se sont donné beaucoup

---

Sensus ab intelligentiâ sejunctus laborem velut insensibilem habet, unde dictum : *mens videt, mens audit.* νοῦς ὁρᾷ, ϗ νοῦς ἀκούει. Et *de sensu & sensili, c. 2, p.* 665. Non anima ipsa in oculi extremo, sed in parte internâ existit.--- *Vid. Lib.* 2 *de animâ cap.* 12, *pag.* 647, *tom.* 2. *Et Epicharmum in Clem. Alex. Strom. Lib.* 2, *p.* 369, *vide & Jamblichum de vitâ Pythagora, cap.* 32, *p.* 192 : *Ciceron. Edit. Elzevir, p.* 1057, *col.* 1, *lin.* 14 *& seq.*

de foins pour tirer le vulgaire des philofophes de l'erreur groffiere où il fe trouvoit plongé à cet égard, on ne s'eft point
apperçu qu'ils ne faifoient que renouveller
les mêmes vérités enfeignées par Démocrite, Platon, Ariftippe & Sextus Empiricus, appuyées des mêmes argumens employés par ces philofophes, quoique quelquefois étendus davantage ; on en a fait
tout l'honneur à ces modernes, parce qu'ils
ont beaucoup crié contre l'erreur, comme
fi elle eût été univerfelle ; & on n'a
pas daigné approfondir, fi en effet il en
étoit ainfi. Car pour peu qu'on eût fait attention à ce qu'ont dit les anciens fur cette
matiere, & qu'on eût confulté leurs écrits,
on auroit trouvé que quelques-uns, comme
les Cyrénaïques, les Pyrrhonifles, & d'autres, non-feulement n'admettoient dans les
corps aucune faculté d'exciter en nous des
fenfations, mais même qu'ils mettoient
quelquefois en doute l'exiftence des corps ;
doute qui a paru fi extravagant à notre fiécle, lorfque le P. Mallebranche l'a avancé,
& qui eft cependant affez fondé felon les

régles de la bonne logique. Cette négli-
gence à vérifier l'origine de nos connoiffances ; n'étoit cependant pas générale ;
Gaffendi (*a*) avoit publié un traité fur les
qualités fenfibles ; & il avoit donné auffi
un abrégé de la philofophie des Pyrrhoni-
ftes fur ce fujet, avant que Defcartes eût
encore entrepris de le traiter comme il l'a
fait depuis ; de forte que parmi les modernes mêmes, Defcartes n'eft pas le premier qui ait diftingué clairement les propriétés de l'efprit d'avec celles du corps,
comme plufieurs fçavans paroiffent encore
le croire (*b*) ; & quant aux anciens, une
courte expofition de ce qu'ont dit Defcartes & Mallebranche fur cette diftinction
fi effentielle, comparée avec ce que les
anciens en ont enfeigné, mettra bien-tôt le
lecteur en état de décider à qui cette découverte doit être attribuée.

(*a*) *Gaffendi de fine logica*, p. 72 & 372 & *feq.*
Oper. tom. 1. *Lugdun.* 1658. *fol.*

(*b*) *Formey*, *Recherches fur les élémens de la*
matiere, *in-12*, *p.* 8. & *quelques autres.*

33. Defcartes commence par remar- Opinion de
Defcartes
fur ce fujet. quer qu'il n'y a perfonne qui ne foit ac- coutumé dès fon enfance à envifager les chofes fenfibles comme exiftantes hors de fon efprit, & ayant une reffemblance avec les fenfations ou les perceptions qu'il en a ; de façon que voyant la couleur, par exemple, d'un objet, nous penfons voir quelque chofe hors de nous, & femblable à l'idée que nous éprouvons alors de la cou- leur ; & par cette habitude à en juger ainfi, nous n'avons jamais le moindre doute à cet égard. Il en eft ainfi de tou- tes nos fenfations (a) ; car quoique nous ne penfions pas qu'elles foient hors de nous, nous ne les regardons pas ordinai- rement comme exiftantes feulement dans notre efprit, mais bien dans notre main, notre pied, ou dans toute autre partie de notre corps ; il n'eft pas plus certain cepen- dant, que la douleur que nous reffentons, comme étant par exemple dans le pied, n'eft pas quelque chofe hors de notre efprit

---

(a) *Defcartes Principiorum Philofophiæ*, Pars I. *Sect.* 66 ; *Blaeu*, *Amft.* 1692. *in*-4.

exiſtant dans le pied, qu'il ne l'eſt que la lumiere que nous apperçevons (comme dans le ſoleil) exiſte en cet aſtre, & non dans notre eſprit : mais tous les deux ſont des préjugés de notre enfance : ainſi nous diſons que nous appercevons les couleurs ou ſentons les odeurs dans les objets, lorſque nous devrions dire qu'il y a quelque choſe dans les objets qui produit en nous ces ſenſations. Les principales cauſes de nos erreurs viennent donc des préjugés de notre enfance, dont nous ne pouvons pas aiſément nous délivrer dans un âge plus avancé.

Mallebranche traite cette matiere avec beaucoup de clarté.

34. Mallebranche ſaiſit cette idée de Deſcartes, & l'étendit même davantage. Dans ſon ouvrage célèbre *de la Recherche de la vérité*, il commence (a) par chercher la ſource de nos erreurs dans l'abus que nous faiſons de notre liberté, & dans la précipitation de nos jugemens; de façon que nos ſens, dit-il, ne nous jetteroient point dans l'erreur, ſi

____

(a) *Mallebranche, Recherche de la vérité, Liv. 1, chap. 5.*

hous ne nous fervions point de leur rapport pour juger des chofes avec trop de précipitation. Par exemple, quand on voit
de la lumiere, il eft très-certain qu'on voit
de la lumiere ; quand on fent de la chaleur,
on ne fe trompe point de croire qu'on fent
de la chaleur : mais on fe trompe, quand
on juge que la chaleur & les odeurs que
l'on fent, font hors de l'ame qui les fent ;
il combat enfuite les erreurs qui viennent
de nos jugemens, il dépouille les corps
des qualités fenfibles, & enfeigne comment l'ame & le corps contribuent à la
production de nos fenfations , & comment nous les accompagnons toujours de
faux jugemens. Il blâme ceux qui jugent
toujours des objets par les fenfations qu'ils
excitent en eux, & par rapport à leurs propres fens ; au lieu que les fens étant différens dans tous les hommes, ils devroient
juger diverfement de ce qui les affecte , &
ne pas définir ces objets par les fenfations
qu'ils en ont ; autrement ils parleront toujours fans s'entendre & mettront de la con-
fufion par-tout.

Les moder-
nes n'ont
rien dit de
nouveau à
ce sujet.

35. Si nous examinons à préfent tout ce que les anciens ont enfeigné fur ce fujet, nous ferons furpris de la clarté avec laquelle ils fe font expliqués , & nous ne pourrons pas comprendre que l'on ait regardé comme nouvelles des opinions expofées dans leurs écrits avec tant de force & de précifion. On ne peut pas même dire que les modernes aient donné un tour nouveau à ces opinions ; car ils n'ont fait que raifonner fur les mêmes principes, & employer les mêmes comparaifons apportées par les anciens pour les foutenir.

Opinion de
Démocrite
fur les quali-
tés fenfibles.

36. Démocrite eft le premier qui ait dépouillé les corps des qualités fenfibles , quoiqu'il ne foit pas le premier auteur (*a*) de la philofophie des corpufcules , fur laquelle cette diftinction eft fondée. Ce grand homme, n'admettant pour tous principes que les atômes & le vuide, différoit de

(*a*) „ Leucippe l'avoit précédé en cela , & (fui-
„ vant Poffidonius & Strabon) Mofchus Phénicien,
„ qui vivoit avant la guerre de Troyes , avoit jetté
„ les premiers fondemens de cette philofophie. „

tous

tous ceux qui l'avoient précédé dans cette opinion, en ce qu'il difoit que les atômes étoient deftitués de toutes qualités ; en quoi il a été fuivi par Epicure. Il dérivoit ces qualités du différent ordre & de la dif-férente difpofition des atômes entr'eux, ainfi que de leur différente figure, qu'il difoit être la caufe de tous les changemens qui arrivent dans la nature ; les uns étoient ronds, les autres angulaires, d'autres droits, pointus, crochus, &c. » Ainfi ces pre-» miers élémens des chofes n'ayant en eux » ni blancheur, ni noirceur naturelle, ni » douceur, ni amertume, ni chaleur, ni » froid, ni aucune autre qualité, il s'en-» fuivoit que la couleur, par exemple, » étoit dans l'opinion (a), ou dans la per-

―――――――――

(a) *Vide mentem Democriti in Arifotele, Meta-phyf. l.* 1, *c.* 4, *in Laertio, l.* 9, *Seƈ.* 45. *in Sexto Empirico L.* 2, *Seƈ.* 214. Δημόκριτος Ίὰς ποιόΊηΊας ἐκϐαλών· ἵνα φησὶ· νόμῳ ψυχρὸν, νόμῳ ϑερμόν, ἐΊίη δ᾽ ἄτομα ϰαὶ ϰενόν. Democritus qualitates ejecit ; dicit enim : *difpofitione* calidum, & frigidum ; verè, & realiter verò, atomi, & vacuum ; νόμῳ, opinione, ex atomorum difpofitione, ortâ, dulce eft, &

I. Partie. D

» ception que nous en avons , ainſi que l'a-
» mertume & la douceur, leſquelles exi-
» ſtent dans notre opinion , ſuivant la ma-
» niere différente dont nous ſommes affec-
» tés (*a*) par les corps qui nous environnent:
» rien n'étant de ſa nature jaune , ou blanc ,
» ou rouge ; doux ou amer «. Il alloit plus
loin , il indiquoit quelle eſpèce d'atômes
devoit produire telles ou telles ſenſations ;
les atômes ronds , par exemple , donnoient
le goût de la douceur ; les atômes pointus

---

amarum ; opinione frigidum , & calidum ; opinione calor ; ἐτεῇ verè autem ἄτομα, & inane. Quæ autem exiſtimantur (νομίζεται) & reputantur ſenſilia, ea non ſunt reverà κατὰ ἀλήθειαν. Sola autem ſunt atoma , & inane. Νόμον autem eleganter dicit , non tantùm , quòd reales eſſe qualitates plerique putent , & opinione ſibi entia vera fingant , ſed quòd atomi quoque ita diſponantur (νενεῶσθαι) , ut indè hujuſmodi opinio exſurgat. *Clariſſ. Brucker , Hiſt. Critic. Philoſ. tom.* 1 , *p.* 1191 *& ſeq.*

(*a*) Ἔιγε οἱ μὲν μὴ ἐν φαςὶν ἔιναι αὐτὴν , παρὰ τὸ πῶς ἔχον σῶμα , καθάπερ ὁ Δικαίαρχος. Siquidem nonnulli putant eam (animam) nihil eſſe aliud , quàm aliquomodò affectum corpus , ſicut Dicæarchus. *Sextus Empiricus ad Mathem. Lib.* 7 *, Sect.* 349.

& crochus un goût piquant ; les corps qui étoient composés de parties angulaires & plus grossieres , s'introduisant difficilement dans les pores , produisoient la sensation désagréable de l'amertume & de l'aigreur , &c. en quoi les Newtoniens l'ont imité en voulant donner l'explication de la nature différente des corps (*a*).

37. Sextus Empiricus exposant la doctrine de Démocrite, dit » que les qualités » sensibles (*b*) , selon ce philosophe , n'a-

Sextus Empiricus sur Démocrite.

(*a*) *Voyez ci-après Sect.* 43.

(*b*) Δημόκριτος δὲ, ὁτὲ μὲν ἀναιρεῖ τὰ φαινόμενα ταῖς αἰσθήσεσι, καὶ τούτων λέγει μηδὲν φαίνεσθαι κατὰ ἀλήθειαν, ἀλλὰ μόνον κατὰ δόξαν· ἀληθὲς δὲ ἐν τοῖς οὖσιν ὑπάρχειν, τὸ ἀτόμους εἶναι καὶ κενόν. Νόμῳ γάρ, φησὶ, γλυκὺ, καὶ νόμῳ πικρὸν, νόμῳ θερμὸν, νόμῳ ψυχρὸν, νόμῳ χροιή· ἐτεῇ δὲ ἄτομα, κỳ κενόν. ἅπερ νομίζεται μὲν εἶναι, κỳ δοξάζεται τὰ αἰσθητὰ, οὐκ ἔστι δὲ κατὰ ἀλήθειαν ταῦτα. Ἀλλὰ τὰ ἄτομα μόνον, κỳ τὸ κενόν. Ἐν δὲ τοῖς Κρατυντηρίοις, καίπερ ὑπεσχημένος ταῖς αἰσθήσεσι τὸ κράτος τῆς πίστεως ἀναθεῖναι, οὐδὲν ἧττον εὑρίσκεται τούτων καταδικάζων. φησὶ γὰρ, ἡμεῖς δὲ τῷ μὲν ἐόντι, οὐδὲν ἀτρεκὲς συνίεμεν, μεταπῖπτον δὲ κατά τε σώματος διαθήκην, κỳ τῶν ἐπεισιόντων, καὶ τῶν ἀντιστηριζόντων. κỳ πάλιν, φησὶ, ἐτεῇ μέν νυν ὅτι οἷον ἕκαστόν ἐστιν, ἢ οὐκ ἔστιν, οὐ συνίεμεν, πολλαχῇ δεδήλωται.

D ij

» *voient de réalité que dans l'opinion de ceux*
» *qui en étoient différemment affectés ; que*
» *c'étoit dans cette affection que consistoit le*
» *doux & l'amer, le chaud & le froid ; &*
» *qu'ainsi nous ne nous trompions pas en di-*
» *sant que nous ressentions telles impressions,*
» *mais que nous ne pouvions en rien conclure*
» *sur la disposition des objets extérieurs.*

    38. Protagoras, disciple de Démocrite,

Democritus aurem *ea* quidem *tollit, quæ apparent
sensibus, & ex iis dicit nihil verè apparere, sed
solùm ex opinione :* verum autem esse in iis, quæ
sunt : esse autem atomos, & inane. *Lege enim est,
inquit, dulce, & lege amarum : lege calidum, &
lege frigidum : lege color : verè autem atoma, &
inane.* Quæ itaque esse existimantur, & reputantur
sensilia, ea non sunt reverà. Sola autem sunt atoma
& inane. In confirmatoriis itidem, quàmvis sit
pollicitus, se sensibus vim, fidemque attributurum,
nihilominùs invenitur eos condemnare. *Nos autem, inquit, re ipsâ quidem nihil veri intelligimus,
sed quod nobis se objicit ex affectione corporis, &
eorum, quæ ingrediuntur, & ex adverso obsistunt.
Et rursùs : quod verè quidem nos quale sit, vel non
sit unumquodque, neutiquàm intelligimus, multis
modis est declaratum. Sextus Empiricus p. 399.*

disoit : que l'*homme* (a) *étoit la seule règle de toutes les choses qui sont ; que toute leur existence étoit dans l'impression seule qu'elles faisoient sur les hommes, de façon que ce qui n'étoit point apperçu n'avoit aucune existence* (b). Ainsi il porta plus loin encore que Démocrite les conséquences de son système ; car admettant, avec son maître, les changemens perpétuels dans les corps, qui faisoient que les choses n'étoient pas long-temps les mêmes ; il en conclut, que *tout ce que nous voyons, que nous entendons, ou que*

Protagoras a devancé Berkeley dans l'opinion de la non-existence des corps.

(a) Καὶ ὁ Πρωταγόρας δὲ βύλεται πάντων χρημάτων εἶναι μέτρον τὸν ἄνθρωπον· τῶν μὲν ὄντων, ὡς ἔστιν· τῶν δὲ ἐκ ὄντων, ὡς ἐκ ἔστι· μέτρον μὲν λέγων τὸ κριτήριον. Protagoras quoque vult omnium χρημάτων mensuram esse hominem : entium, ut sunt : non entium ut non sunt : mensuram quidem appellans criterium. *Idem Pyrrhon. Hypotypos, Lib.* 1, *Sect.* 216.

(b) Γίνεται τοίνυν, κατ' αὐτὸν, τῶν ὄντων κριτήριον ὁ ἄνθρωπος· πάντα γὰρ τὰ φαινόμενα τοῖς ἀνθρώποις, καὶ ἔστιν. τὰ δὲ μηδενὶ τῶν ἀνθρώπων φαινόμενα, οὐδὲ ἔστιν. Est ergò, secundùm ipsum, homo criterium rerum, quæ sunt. *Omnia enim, quæ apparent hominibus, etiam sunt : quæ autem nulli hominum apparent, ne sunt quidem. Idem ibid. Sect.* 219.

D iij

nous touchons, *n'étoit ainsi que dans notre maniere de l'appercevoir*, & que la feule règle véritable [*criterium*] des chofes étoit dans la perception que l'homme en avoit. Je laiffe à juger au lecteur fi cette maniere de s'expliquer de Protagoras ne peut pas avoir donné à Berkeley l'idée du fyftême qu'il a fi fubtilement défendu de nos jours, & dans lequel il foutient qu'il n'*exifte*, *des objets extérieurs*, *que les qualités fenfibles apperçues par notre efprit*, & que conféquemment tout exifte dans notre efprit ; qu'il ne fçauroit y avoir d'autre *fubftratum*, ou foutien de ces qualités, que les efprits dans lefquels elles exiftent, non par maniere de mode ou de propriété, *mais comme une chofe apperçue dans celui qui l'apperçoit.* Cette opinion, qui a paru fi étrange, & fi inouie à tout le monde, eft cependant clairement contenue dans les paffages que je viens de citer, & dans ceux que j'indiquerai ci-deffous (a).

____

(a) *Plato in Theætheto, p. 152. & feq. Confer. Cratyl.... Ariftotel. Metaphyfic. lib. 3, c. 6. lib. 10.*

39. Je reviens à Defcartes & à Mallebranche , & je rapporterai ici les fentimens
d'Ariftippe , difciple de Socrate fur le fujet
en queftion. Il femble entendre parler ces
deux philofophes modernes , lorfqu'on
écoute Ariftippe recommander à l'homme,
» d'être en garde fur le rapport de fes fens ;
» lui difant, qu'ils. ne l'informent pas tou-
» jours de la vérité ; que nous n'apperce-
» vons pas les objets extérieurs tels qu'ils
» font , mais feulement la maniere diffé-
» rente dont ils nous affectent ; que nous ne
» fçavons pas de quelle couleur ou de quelle
» odeur font tels corps , mais feulement de
» quelle maniere nous en fommes affectés ;
» que nous ne pouvons pas comprendre les
» objets eux-mêmes , mais que nous jugeons
» feulement des impreffions qu'ils font en
» nous : ainfi c'eft le jugement que nous pro-
» nonçons fur la nature des objets extérieurs,
» qui eft la caufe de nos erreurs ; c'eft pour-

Ariftippe a parlé fur les qualités fen-fibles , com-me Defcar-tes & Malle-branche ont fait apres lui.

---

cap. 6.... *Ciceron. Academicarum Quæftionum l.* 4 ,
Sect. 256 , *p.* 36... *Eufebii Præpar. lib.* 14, *c.* 20...
Hermias , irrifio Gentil. Sect. 9.

D iv

» quoi, si nous appercevons une tour (*a*),
» qui paroisse ronde, ou une rame qui pa-

(*a*) Εἰ γὰρ εἰδώλου προσπίπτοντος μὲν περιφεροῦς, ἑτέρου ἢ κεκλασμένου, τὴν μὲν αἴσθησιν ἀληθῶς τυποῦσθαι λέγοντες, προσαποφαίνεσθαι ἢ οὐκ ἐῶντες ὅτι στρογγύλος ὁ πύργος ἐστίν, ἢ ἢ κώπη κέκλασται· τὰ πάθη τὰ αὑτῶν φαντάσματα βεβαιοῦσι. τὰ δ' ἐκτὸς οὕτως ἔχειν, ὁμολογεῖν οὐκ ἐθέλουσιν· ἀλλ' ὡς ἐκείνοις ἱππάζεσθαι, καὶ τὸ τοιχοῦσθαι λεκτέον, οὐχ ἵππον, οὐδὲ τοῖχον, οὕτως ἄρα τὸ στρογγυλοῦσθαι, καὶ τὸ σκαληνοῦσθαι τὴν ὄψιν, ἢ σκαληνον, οὐδὲ στρογγύλον ἀνάγκη τὸν πύργον λέγειν. τὸ γὰρ εἴδωλον ὑφ' οὗ πέπονθεν ἡ ὄψις, κεκλασμένον ἐστίν. ἡ κώπη δέ, ἀφ' ἧς τὸ εἴδωλον, οὐκ ἔτι κεκλασμένη.

Quippè, imagine nobis oblatâ rotundâ, aut fractâ, dicunt Epicurei sensum verè informari, non sinunt tamen dicere nos, turrim esse rotundam, aut remum infractum reverà : equidem affectionum visa confirmant; externa ita habere, ut visa nobis sunt, non fatentur. Sed ut Cyrenaici *equari se*, & *parietari* dicunt, de equo, & pariete nihil affirmant : sic etiam dicendum est *rotundari*, aut *obliquari* visum Epicureis, *non interim necesse turrim esse rotundum, aut remum fractum ipsum* dicere. Quippè simulacrum, quod visum adficit, fractum est; remus à quo id fertur, nequaquàm. *Plutarc. adv. Colotem, to.* 1, *p.* 1121 *A. B. C.*

Οὐ λέγουσι τὸ ἐκτὸς εἶναι θερμόν, ἀλλὰ τὸ ἐν αὐτῇ πάθος γίγνεσθαι τοιοῦτον. ἆρ' οὐ ταὐτόν ἐστι τῷ λεγομένῳ περὶ τῆς

» roiſſe briſée dans l'eau, nous pouvons
» bien dire que nos ſens nous font ce rap-

γεύσεως, ὅτι τὸ ἐκτὸς ὅ φασιν εἶναι γλυκὺ, πάθος ἤ τι,
καὶ κίνημα περὶ αὐτὴν γεγονέναι τοιοῦτον; ὁ δὲ λέγων ἀν-
θρωποειδῆ φαντασίαν λαμβάνειν, εἰ δὲ ἄνθρωπός ἐστι μὴ
αἰσθάνεσθαι, πόθεν εἴληφε τὰς ἀφορμάς; ἢ παρὰ τῶν λε-
γόντων καμπυλοειδῆ φαντασίαν λαμβάνειν, εἰ δὲ καμπύλον
ἐστί, μὴ προσαποφαίνεσθαι τὴν ὄψιν, μηδ' ὅτι στρογγύλον,
ἀλλ' ὅτι φάντασμα περὶ αὐτὴν, καὶ τύπωμα στρογγυλοειδὲς
γίγνεται; νὴ Δία, φήσει τις. ἀλλ' ἐγὼ τῷ πύργῳ προσελθὼν,
καὶ τῆς κώπης ἀψάμενος, ἀποφανοῦμαι, τὴν μὲν δι' ὄψιν
εἶναι, τὴν δὲ πολύγωνον. ἐκεῖνος δὲ, κἄν ἰσχὺς γένηται,
τὸ δοκεῖν, καὶ τὸ φαίνεσθαι, πλέον δὲ οὐδὲν ὁμολογήσει.

Cyrenaïci id, quod extrà eſt, non dicunt eſſe
calidum, ſed *in ipſo ſenſu* aiunt calidam extitiſſe
affectionem : nonne idem eſt cum eo, quod de gu-
ſtatu dicitur, quandò rem externam non affirmant
eſſe dulcem, guſtatum autem dulcedine affectum
fuiſſe fatentur ? Et qui dicit imaginem ſe hominis
percepiſſe, an externum illud homo ſit ſe non ſen-
tire : unde anſam nactus eſt ? nonne hi præbuerunt,
qui dicunt curvum, aut teres ſibi viſum eſſe obla-
tum ; ſenſum autem non hoc etiam pronunciare,
rem, conſpecta quæ fuit, eſſe curvam, aut teretem,
ſed effigiem quamdam ejus talem extitiſſe ? Atqui,
dixerit meherculè aliquis, aggreſſus ego ad turrim,
aut remum tangens, pronunciabo hunc rectum,
illam multangulam eſſe : ille etiam, ſi proximè ad-

» port ; mais nous ne devons pas dire que
» la tour, que nous voyons dans l'éloigne-
» ment, soit ronde ; ou que la rame, que
» nous voyons dans l'eau, soit brifée ;
» mais avec Ariftippe & la fecte Cyré-
» naïque, il faut dire que nous éprouvons
» la modification caufée dans notre ame
» par la rondeur de la tour, & par le *bri-*
» *fement* de la rame ; mais il n'eft ni nécef-
» faire ni poffible pour cela que la tour
» foit ronde, ou la rame brifée, puifqu'en
» effet une tour quarrée nous paroît fou-
» vent ronde, à quelque diftance, & un
» bâton droit nous paroît toujours brifé
» dans l'eau «.

40. Ariftippe difoit encore » qu'il n'y
» avoit rien dans les hommes qui pût juger
» de la vérité des chofes ; mais qu'ils im-
» pofoient des noms communs à leur juge-
» ment : car tous parlent de la blancheur &
» de la douceur, mais ils n'ont rien de
» commun à quoi ils puiffent rapporter

---

ftet, videri fibi ita, & apparere duntaxat, nihil
ampliùs fatebitur. *Idem ibid.*

» avec certitude les impreſſions de douceur
» & de blancheur. Chacun juge de ſes pro-
» pres affections ; & perſonne ne peut dire
» que la ſenſation (*a*) qu'il éprouve, quand

(*a*) Ἔνθεν οὐδὲ κριτήριόν φασιν εἶναι κοινὸν ἀνθρώπων,
ὀνόματα δὲ κοινὰ τίθεσθαι τοῖς κρίμασι. Λευκὸν μὲν γάρ τι,
καὶ γλυκὺ καλοῦσι κοινῶς πάντες· κοινὸν δέ τι λευκόν, ἢ
γλυκὺ οὐκ ἔχουσιν. Ἕκαστος γὰρ τοῦ ἰδίου πάθους ἀντιλαμ-
βάνεται· τὸ δὲ εἰ τοῦτο τὸ πάθος ἀπὸ λευκοῦ ἐγγίνεται
αὐτῷ, καὶ τῷ πέλας, μὴ ἀναδεχόμενος τὸ ἐκείνου, μηδενὸς δὲ κοινοῦ πάθους περὶ ἡμᾶς γινομένου, προπετές ἐστι τὸ
λέγειν, ὅτι τὸ ἐμοὶ τοῖον φαινόμενον, τοῖον καὶ τῷ παρεστῶτι
φαίνεται. Τάχα γὰρ ἐγὼ μὲν οὕτω συγκέκριμαι, ὡς λευ-
καίνεσθαι ὑπὸ τοῦ ἔξωθεν προσπίπτοντος, ἕτερος δὲ οὕτω κα-
τεσκευασμένην ἔχει τὴν αἴσθησιν, ὥστε ἑτέρως διατεθῆναι·
ἢ πάντως οὖν κοινόν ἐστι τὸ φαινόμενον ἡμῖν. Καὶ ὅτι τῷ ὄντι
παρά τὰς διαφόρους τῆς αἰσθήσεως κατασκευὰς, οὐκ ἀσαύτως κινούμεθα, πρόδηλον ἐπί τε τῶν ἰκτεριώντων, καὶ ὀφ-
θαλμιώντων, καὶ τῶν κατὰ φύσιν διακειμένων· Ὡς γὰρ ἀπὸ
τοῦ αὐτοῦ, οἱ μὲν ἀχραντικῶς, οἱ δὲ φοινικτικῶς, οἱ δὲ
λευκαντικῶς πάσχουσιν, εὔλογον εἰκός ἐστι καὶ τοὺς κατὰ φύσιν
διακειμένους, παρὰ τὴν διάφορον τῶν αἰσθήσεων κατασκευὴν,
μὴ ὡσαύτως ἀπὸ τῶν αὐτῶν κινεῖσθαι· ἀλλ' ἑτέρως μὲν τὸν
λευκὸν, ἑτέρως δὲ τὸν χαροπὸν, μὴ ὡσαύτως δὲ τὸν μελα-
νόφθαλμον· ὥστε κοινὰ μὲν ἡμᾶς ὀνόματα τιθέναι τοῖς πράγ-
μασι, πάθη δέ γε ἔχειν ἴδια.

Undè *nec criterium dari* omnibus *hominibus*
commune affirmant Cyrenaici, *poni autem nomina*

» il voit un objet blanc, eſt la même que
» celle qu'éprouve ſon voiſin, en regardant

---

communia judiciis. Nam album quidem, & dulce
vocant omnes communiter : commune autem aliquid album, aut dulce non habent. *Unuſquiſque*
enim *apprehendit propriam affectionem. An* autem
eodem modo ipſe & *proximus ex albo afficiatur, ne-*
que ipſe poteſt dicere, ut qui proximi non percìpiat
affectionem : neque proximus ut qui affectionem
illius non percipit. Cum autem nulla ſit in nobis
communis affectio, *temerarium eſt dicere id, quod*
mihi tale videtur, tale etiam videri vicino. Nam
fortaſsè quidem ego ita ſum compoſitus, ut album
mihi videatur hoc, quod extrinſecùs mihi ſe offert.
Alter autem ſic conſtitutum habet ſenſum, ut aliter
afficiatur. Non eſt ergò omninò commune id, quod
nobis apparet. Quod autem reyerà *propter diverſas*
ſenſûs conſtitutiones, non ſimiliter, & eodem modo
afficimur, movemurque ; *perſpicuum eſt in iis, qui*
regio morbo, vel ophthalmià *laborant, &* in iis, *qui*
affecti ſunt ſecundùm naturam. Quomodò enim ex
eâdem re alii quidem ita afficiuntur, ac ſi luridum,
alii rubrum, alii ac ſi album intuerentur, ita
etiam credibile eſt eos, qui ſecundùm naturam
ſunt affecti, *propter diverſam ſenſuum conſtitutio-*
nem ab iisdem rebus non moveri ſimiliter : ſed aliter
quidem eum, qui glaucis, aliter, qui cæruleis,
aliter denique eum, qui nigris eſt oculis. Quò fit,

» le même objet ; & puisqu'il n'y a point
» d'affections qui nous soient communes
» à tous, c'est une témérité à nous de dire,
» que ce qui me paroît de telle maniere,
» paroît de même à celui qui est près de
» moi ; car je puis être constitué de façon
» que tels objets, qui s'offrent à mes yeux,
» me paroissent blancs, pendant qu'ils pa-
» roîtront jaunes à un homme qui sera con-
» stitué d'une autre façon ; ce qui est ma-
» nifeste dans ceux qui ont la jaunisse, ou
» les pâles couleurs, ou qui sont constitués
» par leur nature de quelqu'autre maniere,
» & qui, par la raison de la différente con-
» stitution de leurs sens, ne peuvent pas
» recevoir les mêmes impressions. Ainsi
» celui qui a les yeux plus gros, verra les
» objets d'une grandeur différente de celui
» qui les a plus petits ; celui qui a les yeux
» bleus, les verra d'une autre couleur que
» celui qui les a gris ; d'où vient que nous
» donnons des noms communs aux choses,

---

ut rebus quidem communia nomina imponamus,
proprias autem habeamus affectiones. *Sextus Em-*
piricus, adv. Math. L. 7, Sect. 195, p. 410.

» parce que nous en jugeons par nos pro-
» pres affections.

<table><tr><td>

</td><td>

41. Platon auſſi a clairement diſtingué, d'après Protagoras, entre les qualités fenfibles, & les objets extérieurs qui les occafionnent ; il obſerve que le même vent (a) paroît froid à l'un & chaud à un autre, doux à celui-ci, & violent à celui-là ; & qu'il *n'en faut pas conclure que le vent en luimême ſoit froid ou chaud en même temps, mais dire avec Protagoras que c'eſt celui qui ſent le chaud qui eſt chaud , &c.*

</td></tr><tr><td>

</td><td>

42. Straton, célébre Péripatéticien, regardoit les ſenſations comme des modifi-

</td></tr></table>

____

(a) Ἆρ' ἔσθ' ὅτε πνέοντος ἀνέμου τοῦ αὐτοῦ, ὁ μὲν ἡμῶν ῥιγῷ, ὁ δὲ οὔ, καὶ ὁ μὲν ἠρέμα, ὁ δὲ σφόδρα; πότερον οὖν τότε αὐτὸ ἐφ' ἑαυτὸ τὸ πνεῦμα, ψυχρόν, ἢ οὐ ψυχρὸν φήσομεν; ἢ πεισόμεθα τῷ Πρωταγόρᾳ, ὅτι τῷ μὲν ῥιγοῦντι, ψυχρόν, τῷ δὲ μή, οὔ.

Nonne *eodem aliquandò vento flante* noſtrûm quidem *alius friget, alius non* ; ille quidem leniter, ille vehementer ? Utrum igitur ſtatuerimus ventum in ſe ipſo tunc frigidum, an non frigidum ? an potiùs Protagoræ credemus, *ei quidem, qui frigeat, frigidum, qui non, nec item?* Plato in Theatheto , tom. 1 , p. 152 , A. 153 , 154 , 156 , 157.

cations de l'ame, *en laquelle elles avoiént toute leur existence ; &* non *dans les parties affectées* (a) : ou bien, selon d'autres auteurs, il faisoit les sens, les ministres de l'ame (b), par le moyen desquels elle exerçoit ses facultés.

______

(a) Στράτων κỳ τὰ πάθη τῆς ψυχῆς, κỳ τὰς αἰσθήσεις ἐν τῷ ἡγεμονικῷ, οὐκ ἐν τοῖς πεπονθόσι τόποις συνίστασθαι. ἐν γὸ ταύτῃ κινεῖσθαι τὴν ὑπομονήν, ὥσπερ ἐπὶ τῶν δεινῶν, κỳ ἀλγεινῶν, κỳ ὥσπερ ἐπὶ ἀνδρείαν, κỳ δειλῶν.

Strato tum passiones animæ, tum sensus etiam, *in principe solùm parte, non in affectis locis, consistere* ait. Siquidem in ipsâ, tolerantia reperitur : ut in gravibus, ac dolorificis rebus, ut in fortibus etiam, ac timidis viris observatur. *Plutarch. de Placitis Philosoph. Lib.* 4 *, c.* 23. *Cic. Edit. Elzev. p.* 1057. *col.* 1 *, lin.* 14 *& seq.*

(b) Καὶ οἱ μὲν διαφέρειν αὐτὴν τῶν αἰσθήσεων, ὡς οἱ πλείους, οἱ δ' αὐτὴν εἶναι τὰς αἰσθήσεις, καθάπερ διά τινων ὀπῶν, τῶν αἰσθητηρίων προκύπτουσαν. ἧς στάσεως ἦρξε Στράτων τε ὁ Φυσικός, κỳ Αἰνησίδημος.

Et alii quidem eam differre à sensibus, ut plures : alii autem eam esse sensus, & per sensuum instrumenta tánquàm per quædam foramina prospicere, & se exercere. Cujus sectæ auctor fuit Strato Physicus, & Ænesidemus. *Sextus Empiricus adv. Mathem. Lib.* 7 *, Sect.* 350.

43. Je paffe à Épicure, dont Lucrèce nous a tranfmis la philofophie en fi beaux vers ; & dont Plutarque, & fur-tout Diogene de Laërce, ont expofé la doctrine avec tant d'exactitude. Ce philofophe admettant les principes de Démocrite, en tiroit auffi les conféquences toutes naturelles (a) : » que les atômes font tous de la

---

(b) Verùm, opinor, ita eft : *funt quædam corpora,*
    quorum
Concurfus, motus, ordo, pofitura, figura
Efficiunt ignes ; mutatoque ordine mutant
Naturam ; neque funt igni fimilata, neque ullæ
Prætereà rei, quæ corpora mittere poffit
Senfibus, & noftros adjectu tangere tactus.
      Tit. Lucretii Cari Lib. 1, *verf.* 685, *p.* 57.
Prætereà, quoniam nequeunt fine luce colores
Effe, neque in luce exiftunt primordia rerum,
Scire licet, quàm fint nullo velata colore.
Qualis enim cæcis poterit color effe tenebris,
Lumine qui mutatur in ipfo, propterea quòd
Rectâ, aut obliquâ percuffus luce refulget?
Pluma columbarum quo pacto in fole videtur.
      Lib. 2, *v.* 794.
Sed ne fortè putes folo fpoliata colore
Corpora prima manere : etiam fecreta teporis
Sunt, ac frigoris omninò, calidique vaporis :
Et fonitu fterilia.........

                    » même

» même nature, & qu'ils ne different qu'en
» figure, en grandeur, en pesanteur, &
» dans toutes les choses qui ont du rapport
» avec ces premieres propriétés, comme la
» rondeur, la grosseur, &c. : car la couleur,
» *dit-il*, le froid, la chaleur, & les autres
» qualités sensibles ne font pas inhérentes
» dans les atômes : mais le résultat de leur
» assemblage & de leur différence vient de
» la différence de leur grandeur, de leur
» figure & de leur arrangement ; de façon
» que tel nombre d'atômes dans tel ordre
» donne une sensation, & dans tel autre
» nombre & telle combinaison différente,
» ils donnent une autre sensation ; mais
» leur nature premiere reste toujours la
» même, à cause qu'étant solides & simples
» il n'émane rien d'eux (*a*) : autrement la
» nature n'auroit point de fondemens sta-
» bles & certains; & c'est de cette perma-
» nence constante des propriétés essentiel-
» les aux atômes ou à la matiere, que naif-
» sent les différentes sensations, que les

____

(*a*) *Nec jaciunt ullum proprio de corpore odorem.*
Idem Lib. 2, v. 845.

Partie I. E

» mêmes objets produisent dans les ani-
» maux de différentes espèces, & dans les
» hommes d'une constitution différente :
» car chacun a dans les organes de sa vue,
» de son ouie & de ses autres sens, une mul-
» titude innombrable de pores de diffé-
» rente grandeur, & dans une différente
» situation, lesquels ont une proportion &
» une aptitude particuliere à recevoir les
» petits corpuscules (a), lesquels s'intro-
» duisent aisément dans quelques-uns, &
» difficilement dans les autres, suivant leur
» analogie avec ces pores, & cette diffé-
» rente contexture des parties, dans les-
» quelles ils doivent produire par consé-
» quent différentes impressions «.

Conformité du raisonnement de Descartes & de Mallebranche avec celui des Epicuriens.

44. Ainsi les sens ne nous trompent point, parce qu'ils ne jugent point de la nature des choses, mais ils nous font don-

---

(a) Ergò ubi *quod suave est aliis, aliis sit amarum,*
Illis, queis suave est, lævissima corpora debent
Contrectabiliter caulas intrare palati :
At contrà, quibus est eadem res intùs acerba,
Aspera nimirùm penetrant, hamataque fauces.
Id. Lib. 4, v. 662.

nés pour nous inftruire des rapports qu'ont les corps qui nous environnent avec le nô- tre propre, & pour le bien-être de notre vie; *d'où l'on voit que les fenfations font toujours vraies (a), mais que ce font les juge- mens que nous portons fur leurs objets, qui font quelquefois faux;* & cela fuivant que nous ajoutons ou retranchons des objets, caufes extérieures de nos fenfations. » Que » fi quelques-uns fe croient trompés (b) » par la différence des phénomènes qui ont » leur origine dans le même objet; comme » par exemple, parce qu'un corps, vu de

____

(a) Γίνονται ὖν πᾶσαι αἱ φαντασίαι ἀληθεῖς, κ̀ κατὰ λόγον. Eft ergò omnis phantafia vera, nec ratione deftituitur hæc fententia. *Sextus Empiric. adv. Mathem. L. 7, Sect. 203, 204 & feq. p.* 412, 413, 414.

(b) Ἐξαπατᾷ δὲ ἐνίας ἡ διαφορὰ των ἀπο τῦ αὐτῦ αἰσθηλῦ, οἶον ὁρατῦ, δοκυσῶν προσπίπλειν φαντασιῶν, καθ' ἣν ἢ ἀλλοιόχρων, ἢ ἀλλοιόσχημον, ἢ ἄλλώς πως ἐξηλ- λαγμένον φαίνεται τὸ ὑποκείμενον. Nonnullos autem de- cipit diverfitas viforum, five phantafiarum, quæ videntur offerri ab eodem fenfili, verbi gratiâ ab afpectabili, ita ut videatur fubjectum alterius co- loris, aut alterius figuræ, aut aliquo alio modo mutatum. *Idem ibid.*

» près, leur paroîtra d'une telle couleur ;
» & que, vu de loin , il leur repréſentera
» une autre couleur ; ils ſe jettent eux-mê-
» mes dans l'erreur, en ce qu'ils jugent
» que de ces deux phénomènes l'un eſt
» vrai, & l'autre eſt illuſoire : car alors ils
» forment un faux jugement, ne conſidé-
» rant pas aſſez la nature des choſes ; & ils
» devroient au contraire conclure que la
» couleur qu'ils apperçoivent dans l'objet
» vu de près, eſt une ; & celle qu'ils apper-
» çoivent dans le même objet vu de loin,
» eſt une autre couleur ; toutes deux chan-
» gées par la diſtance différente, dans la-
» quelle elles ſont vues, & produiſant deux
» ſenſations qui ne ſont pas la même,
» mais qui n'en repréſentent pas moins ce
» qu'elles ſont véritablement ; d'où vient
» auſſi que ce n'eſt pas le ſon même (*a*) qui

(*a*) Ο'υ γὰρ ὁλον ὁρᾶται τὸ ςηρέμνιον , ἵνα ἐπὶ Ῥῶν ὁραῖῶν
ποιώμεθα τὸν λόγον , ἀλλὰ τὸ χρᾶμα τῦ ςηρεμνίῳ. Τῷ ʒ̔
χρώματος , Ῥο μέν ἐστιν ιπ' αὐτῦ Ῥῦ ςηρεμνίῳ , καθάπηρ ἐπὶ
τῶν ςυνεχῶς , κỳ ἐκ Ῥῦ μείρίῳ διαςήματος , βλεπομένων· τὸ
δ' ἐκτος τῦ ςηρεμνίῳ , κὰν ῥῖς ἐφεξῆς τόποις ὑποκείμενον ,
κỳ Ῥάπηρ ἐπὶ τῶν ἐκ μακρῦ διαςήματος θεωρουμένον· τῦτο ʒ̔

» eſt dans l'airain frappé, ou la voix même
» de celui qui chante, leſquels ſont enten-

ἐν τῷ μεταξὺ ἐξαναματτόμενον, καὶ ἰδίαν ἀναδεχόμενον
σχῆμα, τοιαύτην ἀναδίδωσι φαντασίαν, ὁποῖον καὶ αὐτὸ
κατ' ἀλήθειαν ὑπόκειται· ὥσπερ ἂν τρόπον ὅτι ἡ ἐν τῷ κρυο-
μένῳ χαλκώματι φωνὴ ἐξακούεται, ὅτι ἡ ἐν τῷ στόματι τῦ
κεκραγότος, ἀλλ' ἡ προσπίπτουσα τῇ ἡμετέρᾳ αἰσθήσει, καὶ
ὡς οὐδείς φῆσι τὸν ἐξ ἀποστήματος μικρᾶς ἀκούοντα φωνῆς,
ψευδῶς ἀκούειν, ἐπείπερ συνεγγὺς ἐλθὼν ὡς μείζονος ταύτης
ἀντιλαμβάνεται· οὕτως οὐκ ἂν εἴποιμι ψεύδεσθαι τὴν ὄψιν,
ὅτι ἐκ μακροῦ μὲν διαστήματος μικρὸν ὁρᾷ τὸν πύργον, καὶ
στρογγύλον. ἐκ δὲ τοῦ σύνεγγυς, μείζονα καὶ περίγωνον.

Non enim totum perſpicitur ſolidum, ut exem-
pli cauſâ verba faciamus de aſpectabilibus, ſed
color ſolidi. Color autem alius eſt in ipſo ſolido,
atque adeò in iis, quæ ex propinquo cernuntur, &
ex mediocri intervallo. Alius extra ſolidum, & in
locis ulterioribus ſe offerens, ſicut in iis, quæ ex
longo cernuntur intervallo ; hic nempè interce-
dente diſtantiâ mutatus, & propriam ſuſcipiens
figuram, tale reddit viſum, quale ipſum quoque
reverà oculis ſubjicitur. *Quomodò ergò neque vox*
exauditur, quæ eſt in ære, quod pulſatur : neque quæ
in ore ejus, qui eſt vociferatus, ſed quæ in noſtrum
ſenſum incurrit : & quomodò nemo dicit eum, qui
parvam ex intervallo audit vocem, falſò audire,
quoniam quùm propè venerit, eam percipit tanquàm
majorem : ita nec viſum falli dixerim, quòd ex

» dus, mais feulement le fon de l'un ou de
» l'autre agiffant fur l'oreille ; car la même
» chofe ne peut pas être en deux lieux dif-
» férens à la fois ; & comme un homme ne
» dit pas qu'il entend faux, parce qu'un
» fon qui ne le frappera que foiblement à
» une grande diftance, le frappera plus for-
» tement s'il s'approche de l'endroit d'où
» part ce fon ; de même nous ne pouvons
» pas dire que notre vue nous faffe illufion,
» parce que de loin nous aurons vu une
» tour petite & ronde, laquelle, en nous
» en approchant, nous paroîtra enfuite
» grande & quarrée ; car la repréfentation
» plus ou moins grande de l'objet naît de
» la différence plus ou moins grande de
» l'angle formé dans notre œil, lequel eft
» occafionné par la différence de la diftance
» dans laquelle nous voyons l'objet. En un
» mot, le propre des fens eft de repréfen-
» ter les objets tels qu'ils nous frappent,
» & non pas de juger de ce qu'ils font ;

---

longo intervallo parvam videat turrim, & rotun-
dam ; ex propinquo autem majorem & quadratam.
Idem ibid.

» c'est pourquoi nos senfations font tou-
» jours vraies , & l'erreur est seulement
» dans nos jugemens (a).

45. Je me suis étendu davantage sur ce
sujet, parce qu'il est plus propre que tout
autre à prouver la vérité de ma propofition;
Que les modernes se font souvent enrichis des
dépouilles des anciens , fans leur en faire
honneur comme ils le devoient. On a beaucoup loué avec raifon Defcartes & Mallebranche d'avoir traité cette matiere avec
tant de pénétration & de fagacité. Mais
il me femble qu'ils n'ont guére dit rien de

Conféquen-
ce tirée de
ce qui a été
dit jufqu'ici.

(a) Αἰσθήσεως ἡ ἴδιον ὑπάρχει τῷ παρόντος μόνον, κ̀
κινοῦντος αὐτὴν ἀντιλαμβάνεσθαι, οἷον χρώματος· ἔχει δὲ
τὸ διακρίνειν, ὅτι ἄλλο μὲν ἐστὶ τὸ ἐνθάδι, ἄλλο δὲ τὸ ἐνθάδι
ὑποκείμενον· διόπερ αἱ μὲν φαντασίαι διὰ ταῦτα πᾶσαί εἰσιν
ἀληθεῖς. ἀλλ' αἱ δόξαι ἔχουσί τινα διαφοράν. τούτων γὰρ αἱ
μὲν εἰσιν ἀληθεῖς, αἱ δὲ ψευδεῖς.

Proprium autem fenfûs eft, id folum apprehen-
dere, quod eft præfens , & quod ipfum movet,
verbi caufâ colorem : non autem difcernere quòd
aliud eft quod hîc, aliud verò, quod hîc oculis
fubjicitur. *Quamobrem phantafia quidem propterea*
funt omnes vera ; fed opiniones habent aliquam dif-
ferentiam. Idem ibid.

E iv

plus que ce qui en avoit été dit avant eux par les anciens philosophes dont je viens de rapporter les propres termes ; & je ne puis mieux terminer cette premiere partie que par les réflexions suivantes d'un habile homme de nos jours sur le même sujet (*b*).

Sentiment de M. Fre-ret.

46. » N'ayant plus aujourd'hui les ou-
» vrages de ces anciens philosophes , nous
» ignorons quelle méthode ils avoient sui-
» vie dans l'arrangement & dans la liaison
» de leurs idées ; leurs systêmes sont pour
» nous comme des statues antiques , dont
» il ne reste que des fragmens , & dont
» nous ne pouvons former un tout , sans
» restituer les parties qui nous manquent.
» Nous devons, je crois, la même justice
» aux anciens philosophes , qu'aux anciens
» sculpteurs : il faut juger des parties que
» nous avons perdues, par celles que nous
» voyons encore ; penser qu'elles répon-

(*a*) *Réflexions sur les anciens & les modernes ; par M. Freret , tom. 18 , p. 113 des Mémoires de l'Académie des Inscriptions , &c.*

» doient les unes aux autres, & que leur
» affemblage formoit un tout qui n'étoit
» pas monftrueux.

» Si les modernes ont quelque avantage
» réel fur les anciens, c'eft d'être venus
» après eux & de marcher dans des routes
» déja frayées ; c'eft de pouvoir s'inftruire
» non-feulement par leurs découvertes,
» mais encore par leurs méprifes. Ceux des
» modernes, qui dédaignent fi fort la con-
» noiffance de l'antiquité, fe privent eux-
» mêmes de cet avantage ; leurs vues bor-
» nées ne s'étendent point au-delà de la
» génération préfente ; tout eft nouveau
» pour eux, & ce qu'ils voient pour la
» premiere fois, ils croient être les pre-
» miers qui l'aient découvert ».

Fin de la premiere Partie.

SECONDE PARTIE,

CONTENANT

Les Syſtêmes de LEIBNITZ *, de* BUFFON *,* NEEDHAM *; & les vérités concernant la Phyſique générale & l'Aſtronomie.*

SECONDE PARTIE.

CHAPITRE PREMIER.

Syſtême de LEIBNITZ.

47. **APRÈS** avoir examiné les connoiſ-
ſances des anciens dans la logique & la
métaphyſique, nous paſſerons à conſidérer
avec la même impartialité les vérités qu'ils
ont connues dans la phyſique générale &
particuliere, dans l'aſtronomie, les mathématiques, la méchanique & les autres
ſciences.

48. Quoiqu'il paroiſſe y avoir un trajet
conſidérable à faire pour paſſer de la métaphyſique à la phyſique, on apperçoit cependant dans le ſyſtême de M. de Leibnitz
une idée bien propre à former la tranſition
la plus naturelle de cette ſcience à l'autre,
& à donner en même temps une preuve

bien frappante du sentiment que je cherche à établir ici.

Son système examiné ailleurs plus amplement.

49. L'occasion que j'ai eue d'examiner
avec attention ce système, me mettra dans
la nécessité de répéter ce que j'en ai dit
ailleurs (*a*); mais la chose est inévitable:
il est difficile de présenter la même vérité
sous deux faces différentes; & il est tout-à-
fait inutile, quelquefois même dangereux
de le faire. Ainsi, tranquille à cet égard,
j'entre en matiere, en exposant brièvement
le sentiment de M. de Leibnitz.

Raison de l'étendue dans les êtres simples.

50. Fondés sur le principe de la raison
suffisante, employée long-temps auparavant par Archimede, les Leibnitiens cherchent la raison pourquoi les corps sont
étendus en longueur, largeur & profondeur, & soutiennent que pour trouver
l'origine de cette étendue, il en faut venir
à quelque chose de non-étendu, & qui
n'ait point de parties, à des êtres simples

____

(*a*) Dans la Préface du second volume des Œu-
vres de Leibnitz, qui est actuellement sous presse,
chez les freres de Tournes, à Genève.

enfin ; de sorte que les êtres étendus n'exi-
steront que parce qu'il y aura des êtres simples. Et après avoir établi la nécessité de
ces êtres simples, ils cherchent à faire comprendre de cette manière comment l'idée
de l'étendue peut en résulter.

51. Si nous pensons, disent-ils, à deux
êtres simples, comme existans ensemble,
quoique distincts l'un de l'autre, nous les
plaçons dans notre esprit, l'un hors de l'autre, & les concevons ainsi comme quelque
chose d'étendu & de composé ; car l'étendue n'est autre chose qu'une multiplication
continuée, que nous concevons comme
étendue : ou bien, on peut concevoir les
êtres simples comme ayant des rapports
entr'eux, quant à leur état interne ; rapports qui constituent un certain ordre dans
lequel ils existent ; & cet ordre de choses
coexistantes & liées ensemble, sans que
nous puissions sçavoir distinctement comment elles sont liées, nous occasionne l'i-
dée confuse, d'où naît le phénomène de
l'étendue (a). Cela paroît assez conséquent,

Comment les êtres sim-
ples peuvent donner l'i-
dée de l'é-
tendue.

______

(a) » Ainsi, dit Madame du Châtelet (*Institu-*

& n'en est cependant pas plus compréhen-
sible ; mais en convenant de cette vérité ,
on est forcé d'admirer la beauté du génie
de celui qui a semblé passer les limites de
l'entendement humain ; & qui, le flambeau
à la main, a marché à pas hardis & sûrs dans
les sentiers obscurs de la métaphysique.
Et il n'est pas mal-à-propos de remarquer
ici qu'une des principales causes de la gloire
de Leibnitz a été son attachement pour les
anciens , qu'il a toujours pris pour ses guides , & reconnus pour ses maîtres.

Ce système a été fondé par les anciens.

52. Les fondemens de son système avoient
été en effet posés depuis long-temps par
Pythagore (*b*) & ses disciples ; & on en

---

tions Physiques , p. 149.) « si nous pouvions voir
» tout ce qui compose l'étendue , cette apparence
» d'étendue qui tombe sous nos sens, disparoîtroit,
» & notre ame n'appercevroit que des êtres simples,
» existans les uns hors des autres ; de même que si
» nous distinguions toutes les petites portions de
» matiere différemment muës *qui composent un por-*
» *trait*, ce portrait, qui n'est qu'un phénomène,
» disparoîtroit pour nous.

(*b*) Voyez *Edmund. Dickinson Physica vet. &
vera. Lond.* 1702, *c.* 4, *Sect.* 9 , *p.* 32.

trouve

trouve auſſi des traces dans Straton de
Lampſaque, qui ſuccéda à Théophraſte
dans le Lycée (*a*), dans les opinions de
Démocrite (*b*), dans Platon & ſon école, &
dans Sextus Empiricus (*c*). Ce dernier a
même fourni des argumens entiers à Leibnitz pour établir *la néceſſité de chercher la
raiſon des compoſés dans des êtres qui ne le
fuſſent pas* (*d*), comme on le fera voir un

(*a*) Voyez *Ciceron. de Nat. Deor. lib.* 1 , c. 13.

(*b*) *Bayle , Dict. Hiſt. art.* DÉMOCRITE , *note P.
& art.* ÉPICURE , *note F.* Voyez *auſſi S. Auguſtin,
Epiſt.* 56.

(*c*) *Sextus Empiricus , Pyrrhon. Hypotypos.
l.* 3 , c. 18 , *p.* 164 : *& adverſùs Phyſicos , lib.* 10 ,
c. 4 ; *p.* 674 & 675 , *&c. Ed.* 7. *Leiɼſich.* 1718.

(*d*) „ Le révérend pere Gerdil , précepteur de
„ ſon Alteſſe Royale le prince de Piémont a écrit en
„ Italien un livre rempli de jugement & d'érudition,
„ intitulé : *Introduzione allo ſtudio della religione ,*
„ *Turin ,* 1755 , *in* 4. dans lequel il traite ſçavam-
„ ment , *p.* 272 *& ſuiv* de l'accord qui ſe trouve
„ entre le ſyſtême de Leibnitz & celui de Pytha-
„ gore „.

Voyez auſſi *Buddei Compendium Hiſtoriæ Philo-
ſophiæ cum notis Walchii. Halæ,* 1731 , *in-8. pages*
198 , 199 , 284 , 285 , 496 , 497.

Part. I.   F

peu plus bas; Stobée cite un paſſage de Moderatus Gaditanus, Pythagoricien, lequel parlant des nombres de Pythagore, dit : *Les nombres ſont, pour ainſi dire, un aſſemblage de monades, une progreſſion de la multitude, qui part de la monade, & y trouve ſa derniere raiſon*, en remontant à ſa ſource (*a*).

53. Et plus loin le même auteur ajoûte : (*b*) *Pythagore s'eſt appliqué avec ſoin à la ſcience des nombres, auxquels il rapportoit*

Bruckeri Hiſtor. critica Philoſ. tom. 1, *p.* 1049, 1050, 1086, &c.

(*a*) Ἔστι δὲ ἀριθμός, ὡς τύπῳ ἰιπεῖν, σύστημα μονάδων, ἢ προποδισμός πλήθυς, ἀπὸ μονάδος ἀρχόμενος, καὶ ἀναποδισμός εἰς μονάδα καταλλήλων. Eſt autem numerus, ut ita dicam, monadum congeries, vel progreſſus multitudinis à monade incipiens, & regreſſio in camdem deſinens. *Stobæus Eclog. Phyſic. lib.* 1, *c.* 2, *p.* 3.

(*b*) Πυθαγόρας πλείστῃ σπουδῇ περὶ τοὺς ἀριθμοὺς ἐχρήσαλο, τάς τε τῶν ζώων γενέσεις ἀνῆγεν εἰς ἀριθμοὺς, καὶ τῶν ἀστέρων τὰς περιόδους. Pythagoras magno ſtudio circa numeros verſatus eſt, ad quos & animalium ortus, & ſiderum circuitus retulit. *Stobæus Eclog. Phyſic. lib.* 1, *c.* 2, *p.* 3.

la génération des animaux ; & Hermias, exposant la doctrine des Pythagoriciens,
dit (*a*) que selon eux *la monade , ou l'être
simple , étoit l'origine & le principe de toutes
choses.*

54. Mais la conformité entre le système
de Pythagore & celui de notre auteur ne
paroît nulle autre part si clairement que
dans le passage suivant de Sextus Empiricus (*b*) : » Les Pythagoriciens , dit-il , en-

Argument
des Pytha-
goriciens
dans Sextus
Empiricus.

(*a*) Ἀρχὴ τῶν πάντων ἡ μονὰς, ἐκ δὲ τῶν σχημάτων
αὐτῆς, καὶ ἐκ τῶν ἀριθμῶν, τὰ στοιχεῖα γίνεται. *Monas
initium omnium , è cujus figuris , & numeris elementa fiunt. Hermias Irris. Philos. Gentil. Sect.* 16.

(*b*) Οὗτοι δὲ εἰσὶν οἱ περὶ τὸν Σάμιον Πυθαγόραν. ἐοικέναι
γὰρ λέγουσι τοὺς Φιλοσοφοῦντας γνησίως, τοῖς περὶ λόγον
πονουμένοις. ὡς γὰρ οὗτοι πρῶτον τὰς λέξεις ἐξετάζουσιν·
ἐκ λέξεων γὰρ ὁ λόγος, καὶ ἐπεὶ ἐκ συλλαβῶν αἱ λέξεις,
πρῶτον σκέπτονται τὰς συλλαβάς· ἐκ γὰρ συλλαβῶν τὰ
στοιχεῖα τῆς ἐγγραμμάτου φωνῆς ἀναλυομένων, περὶ ἐκείνων
πρῶτον διερευνῶσιν· οὕτω δεῖν φασὶν οἱ περὶ Πυθαγόραν, τὰς
ὄντως Φυσικὰς, τὰ περὶ τοῦ παντὸς ἐρευνῶντας, ἐν πρώτοις
ἐξετάζειν, εἰς τίνα τε πᾶν λαμβάνει τὴν ἀνάλυσιν. τὸ μὲν οὖν
Φαινόμενον, εἶναι λέγειν τὴν τῶν ὅλων ἀρχὴν, ἀΦύσικόν πώς
ἐστι. Πᾶν γὰρ τὸ Φαινόμενον, ἐξ ἀφανῶν ὀφείλει συνίστασθαι·
τὸ δ' ἐκ τινων συνεστὸς, οὐκ ἔστιν ἀρχὴ, ἀλλὰ τὸ ἐκείνο αὐτοῦ
συστατικόν. ὅθεν καὶ τὰ Φαινόμενα, ἢ ῥητέον ἀρχὰς εἶναι τῶν

                    SYSTÉME

» feignent que ceux qui s'adonnent à l'é-
» tude de la philofophie imitent ceux qui

ὅλων, ἀλλὰ τὰ συστατικὰ τῶν φαινομένων, ἅπερ οὐκέτι ἦν φαινόμενα. Τοίνυν ἀδήλους, καὶ ἀφανεῖς ὑπέθετο τὰς τῶν ὅλων ἀρχάς. Καὶ οὐ κοινάς. Οἱ γὰρ ἀτόμους εἰπόντες, ἢ ὁμοιομερείας,
ἢ ὄγκους, ἢ κοινὰς νοητὰ σώματα πάντων τῶν ὄντων ἄρχειν,
πῇ μὲν κατάρθωσαν, πῇ δὲ διέπεσον· ᾗ μὲν γὰρ ἀδήλους
νομίζουσιν εἶναι τὰς ἀρχάς, δεόντως ἀναστρέφονται. ᾗ δὲ σω-
ματικὰς ὑποτίθενται ταύτας, διαπίπτουσιν. ὡς γὰρ τῶν
αἰσθητῶν σωμάτων προηγεῖται τὰ νοητὰ, καὶ ἄδηλα σώ-
ματα· οὕτω καὶ τῶν νοητῶν σωμάτων ἄρχειν δεῖ τὰ ἀσώματα,
καὶ κατὰ λόγον. Ὡς γὰρ τὰ τῆς λέξεως στοιχεῖα οὐκ εἰσὶ λέξεις,
οὕτω καὶ τὰ τῶν σωμάτων στοιχεῖα οὐκ ἔστι σώματα. Ἔτι δὲ
σώματα ὀφείλει τυγχάνειν, ἢ ἀσώματα. Διὸ πάντως ἐστὶν
ἀσώματα.

Dicunt enim eos, qui verè, & fincerè philofo-
phantur, effe fimiles iis, qui laborant in contexendâ
oratione. Quomodò enim hi primùm dictiones exa-
minant; ex dictionibus enim conftat oratio : &
quoniam ex fyllabis dictiones, primùm confide-
rant fyllabas : cùmque fyllabæ refolvantur ex lite-
ris, five elementis vocis literatæ, de illis primùm
fcrutantur ; ita dicunt Pythagorei, oportere veros
phyficos de univerfitate fcrutantes, in primis exa-
minare in quænam refolvatur univerfitas. Atqui
quod apparet quidem, dicere effe principium uni-
verforum, eft quodammodò non phyficum. *Quid-*
quid enim apparet, conftare debet ex iis, quæ non

» compofent un difcours ; ceux-ci confi-
» dèrent premierement les phrafes qui
» compofent ce difcours, enfuite les mots
» qui compofent ces phrafes ; & comme

---

apparent. Quod autem ex aliquibus conftat, non
eft principium, fed id, quod illud ipfum confti-
tuit. Undè etiam ea, quæ apparent, non funt di-
cenda rerum univerfarum principia, fed ea, quæ
funt conftituentia apparentium, neutiquàm ipfa
apparentia. Obfcura ergò, & non apparentia po-
fuerunt eorum, quæ funt, principia. Neque hoc
communi omnes ratione. Qui enim dixerunt atomos, vel fimilares partes, aut moleculas, aut communiter corpora, quæ cadunt fub intelligentiam,
effe rerum omnium principia, aliquâ quidem ex
parte fe rectè gefferunt, aliquâ verò lapfi funt.
Nam quatenùs quidem obfcura, & non apparentia
dixerunt effe principia, rectè in eo verfantur : quatenùs autem ea ponunt corporea, labuntur. Quomodò enim à corporibus, quæ percipiuntur intelligentiâ, & non funt evidentia, præceduntur corpora fenfilia ; *ita oportet ab incorporeis præcedi
etiam corpora, quæ percipiuntur intelligentiâ,* &
meritò. Quomodò enim elementa dictionis non
funt dictiones ; *ita etiam elementa corporum non
funt corpora.* Aut verò oportet ea effe corpora, aut
incorporea. *Quamobrem funt omninò incorporea.*
Sextus Empiricus, loco citato, p. 674, 675.

» les mots font compofés de fyllabes, ils
» examinent auffi les fyllabes, jufqu'à ce
» qu'ils arrivent enfin à l'examen des let-
» tres dont ces fyllabes font compofées,
» & qui font comme les premiers élémens
» du difcours ; de même les Pythagoriciens
» difent, que les vrais phyficiens doivent
» s'appliquer à la recherche des premiers
» élémens qui compofent cet univers. Or
» il feroit indigne d'un phyficien fage de
» dire que ce qui tombe fous les fens,
» puiffe être le principe de toutes chofes ;
» car ce qui tombe fous les fens doit trou-
» ver fon origine dans quelque chofe qui
» ne tombe pas fous les fens, ce qui con-
» fifte de quelque chofe ne pouvant pas
» être lui-même un principe, mais bien ce
» qui conftitue la chofe. Ceux qui ont
» avancé que les atômes, les parties fimi-
» laires, les molécules, ou ces corps qui
» ne font que du reffort de l'intelligence,
» étoient les premiers élémens de toutes
» chofes, ont dit vrai dans un fens, & fe
» font trompés dans un autre ; ils ont dit
» vrai, en ce qu'ils ont reconnu pour prin-

» cipe quelque chose qui ne tombe pas
» sous les sens, mais ils se trompent en ce
» qu'ils ont cru ces principes corporels ;
» car comme les corps, qui ne tombent
» point sous les sens, précèdent les corps
» sensibles, ils sont aussi précédés de quel-
» que chose qui n'est pas de leur nature ;
» & de même que les élémens d'un dis-
» cours ne sont pas un discours, ainsi les
» élémens des corps ne sont pas des corps.
» Et s'il est nécessaire qu'ils doivent être
» corporels, ou incorporels, il s'ensuivra
» donc qu'ils seront incorporels «.

55. Et continuant le même argument, il conclut ainsi : » ou les principes (*a*), qui

Suite du même argument.

(*a*) Ἤτοι ἂν σώματά ἐστι τὰ συστατικὰ αὐτῶν, ἢ ἀσώ-ματα. καὶ σώματα μὲν οὐκ ἂν ὑπάρχοιεν, ἐπεὶ δεήσει ἐκεί-νων σώματα λέγειν εἶναι συστατικά. καὶ οὕτως εἰς ἄπειρον προβαινούσης τῆς ἐπινοίας, ἄναρχον γίνεσθαι τὸ πᾶν. Λεί-πεται ἄρα λέγειν, ἐξ ἀσωμάτων εἶναι τὴν σύστασιν τῶν νοητῶν σωμάτων, ὅπερ καὶ Ἐπίκουρος ὡμολόγησε, φήσας κατὰ ἀθροισμὸν σχήματός τε, καὶ μεγέθους, καὶ ἀντιτυπίας, καὶ βάρους, τὸ σῶμα νενοῆσθαι. Ἀλλ' ὅτι ἀσωμάτους εἶναι δεῖ τὰς ἀρχὰς τῶν λόγῳ θεωρητῶν σωμάτων, ἐκ τῶν εἰρη-μένων συμφανές.

F iv

» conftituent toutes chofes , font corporels,
» ou bien ils font incorporels ; mais on ne
» peut pas dire qu'ils foient corporels, parce
» qu'autrement il faudroit remonter à d'au-
» tres corps, d'où ils tiraffent leur origine, &
» continuant ainfi à l'infini , refter toujours
» fans principe. Il n'y a donc point d'autre
» moyen de réfoudre la queftion qu'en di-
» fant que les corps font compofés de prin-
» cipes qui ne font pas des corps , & qui
» ne peuvent être compris que par l'efprit «;
ce qu'Epicure a reconnu , lorfqu'il a dit
que par les idées de la figure , de la gran-

Aut ergò funt corpora , quæ ea conftituunt, aut
incorporea. Et corpora quidem non dixerimus,
quoniam oportebit dicere , etiam illa confiftere è
corporibus : & ita in infinitum procedente cogita-
tione , effe univerfitatem principii expertem. Reftat
ergò, ut dicatur, *ex incorporeis conftitui corpora ,
quæ percipiuntur intelligentiâ :* quod etiam confef-
fus eft Epicurus dicens *per congeriem figuræ , & magnitudinis , & refiftentiæ , & gravitatis , intelligentia percipi corpus.* Atque quòd incorporea quidem oporteat effe principia corporum intelligibi-
lium, ex his eft perfpicuum. *Idem , ibid.*

deur, de la réſiſtance, & de la peſanteur, nous acquérions l'idée du corps.

56. Scipio Aquilianus, traitant de l'opi- nion d'Alcmæon, Pythagoricien, ſur les principes des choſes, la réduit à ce ſyllogiſ- me (a) : » ce qui précède les corps dans » l'ordre de la nature eſt le principe des » corps ; les nombres ſont dans ce cas: » donc les nombres ſont les principes des » corps : on démontre ainſi la ſeconde pro- » poſition de ce ſyſtême. De deux choſes » la premiere eſt celle qui peut ſe conce- » voir ſans l'autre, quand l'autre au con- » traire ne peut être conçue ſans elle : or

Syllogiſme d'Alcmæon ſur la nature des corps.

____

(a) *Scipio Aquilianus de Placitis Philoſophorum ante Ariſtotelem, cap.* 10, *pag.* 118. *Editio clariſſimi Bruckeri, Lipſia,* 1756. » Ce livre étoit très-rare » avant que M. Brucker eût travaillé à en donner » une nouvelle édition, qui commence à être dif- » ficile à trouver, ayant été enlevée par les cu- » rieux preſque ſur le champ. Scipio Aquilianus » en avoit fait un ouvrage fort curieux ; mais il » s'étoit trompé ſouvent, & paroiſſoit n'avoir pas » aſſez entendu quelques-uns des anciens. M. Bruc- » ker, par ſes judicieuſes & ſçavantes notes, l'a » rendu un livre de la plus grande utilité.

» les nombres peuvent être conçus indé-
» pendamment des corps , mais les corps
» ne peuvent être conçus fans les nombres ;
» donc les nombres font antérieurs aux
» corps dans l'ordre de la nature ». Ce qui
exprime affez clairement le fentiment de
Pythagore , qui étoit : qu'avant l'exiftence
des corps on devoit concevoir des êtres
qui n'étoient pas des corps, qu'il difoit
être les nombres , auxquels il accordoit à-
peu-près les mêmes propriétés (*a*) que Leibnitz donne aux êtres fimples ou monades.
Marfile Ficin attribue à Platon la même
idée , & donne ainfi la fubftance de l'opinion de ce philofophe :

57. » Les genres de tous les compofés
» fe réduifent à quelque chofe, qui (*b*) dans

Sentiment de Platon fur le même fu-jet.

(*a*) *Voy. le Livre du P. Gerdil à l'endroit cité ci-devant , & aux pages fuivantes.*

(*b*) *Genera compofitarum rerum omnium reducun-tur ad aliquid , quod in eo genere non eft compofitum , ut dimenfiones ad fignum , quod ex dimenfionibus non componitur ; numeri ad unitatem , quæ non fit ex numeris, & elementa ad id , quod ex elementis non mifcetur. Marfilius Ficinus in Platonis Ti-mæum, p. 397 , t. 2. Ed. Parif. 1641, 2 vol. in-fol.*

» fon genre n'eſt pas compoſé, comme les
» dimenſions au ſigne, lequel n'eſt pas
» compoſé de dimenſions; les nombres ſe
» réduiſent à l'unité qui n'eſt pas compoſée
» de nombres, & les élémens enfin trou-
» vent leur derniere raiſon dans quelque
» choſe qui n'admet point de mélange des
» élémens. » Le paſſage de Platon, ſur lequel Ficin fonde ſon argument, me paroît
être celui que je vais rapporter en note (*a*),
& qui en effet a beaucoup d'analogie avec
la maniere de raiſonner de M. de Leibnitz.

58. Mais cet auteur lui-même n'a pas   Expliqué par Marſile Ficin.

______

(*a*) Τῶν ὄντων ᾧ νοῦν μόνῳ κτάσθαι προσήκει, λεκτέον ψυχήν. τοῦτο δὲ ἀόρατον· πῦρ δὲ, καὶ ὕδωρ, καὶ ἀὴρ, καὶ γῆ, σώματα πάντα ὁρατὰ γέγονε· τὸν δὲ ἐπιστήμης ἐραστὴν ἀνάγκη τὰς τῆς ἔμφρονος φύσεως αἰτίας πρώτας μεταδιώκειν. Rerum omnium, quæ exiſtunt, cui intelligendi vim ineſſe ſtatuendum ſit, animus dicendus eſt; at inconſpicabilis ille eſt; ignis autem, & aqua, & aër, & terra, corpora omnia ſunt conſpicabilia. Verùm *neceſſe eſt, ut is, qui ſcientia, intelligentiæque ſtudioſus eſt, ſapientis, ſagaciſque naturæ cauſas primas perſequatur*, &c. Platonis Timæus in oper. Platon. Edit. Henr. Steph. 3 vol. fol. pag. 46. **D. E. verſ. Serrani. Vid. ibid. p. 47. B. C. D.**

expliqué plus clairement & plus briévement son système que Marsile Ficin (*a*) le fait en ce peu de mots : *les composés se réduisent en étres simples, & la multitude des étres simples se réduit dans les plus simples des étres :* on voit ici les composés de Leibnitz réduits en étres simples, qui trouvent la raison ou la source de leur existence en Dieu.

Opinion de Plotin, & passages d'Héraclite, d'Epicure, &c. 59. Plotin lui-mème a posé, en plusieurs endroits (*b*) de ses *Ennéades*, les principes de cette opinion, & son habile commentateur, en suivant ses traces, ne manque jamais de revenir à ce sens dans toutes les occasions que lui donne le texte de son auteur, qui s'énonce dans un endroit en ces termes (*c*) : » Il doit y avoir pour principe

(*a*) *Composita in simplicia resolvuntur, simplicia multa in unum simplicissimum. Marsilius Ficinus in Plotinum, Enn.* 5, *l.* 5, *c.* 10, *p.* 718, *tom.* 2.

(*b*) *Ennead.* 2. *lib.* 4, *cap.* 1 & 6. *Brucker. to.* 2. *Hist. Crit. Philos. p.* 419, 420.

(*c*) Ὅτι μὲν οὖν δεῖ τοῖς σώμασιν ὑποκείμενον εἶναι ἄλλο ἐν παρ' αὐτὰ, &c. *Oportet corporibus aliquid esse subjectum, quod aliud quiddam sit præter corpora. Plotinus Ennead.* 2, *l.* 4, *c.* 5 & 6, *&c. p.* 162. *E. Edit. Basil.* 1580.

» ou *substratum* des corps quelque chose qui
» ne soit pas corps «. Ajoutez, à tous ces
passages, Plutarque parlant d'Héraclite (*a*),
deux passages de Stobée citant Epicure (*b*),
Xénocrate (*c*) & Diodore, qui sont très-
bien à notre sujet, & les passages de l'Ecri-
ture cités ci-dessous (*d*).

60. Avant que de quitter ce sujet, je remar-
querai encore qu'un sçavant d'Allemagne
(*e*) a essayé de démontrer que la doctrine

Tentative d'un sçavant d'Allemagne pour rapprocher Leibnitz de Parménides.

(*a*) Ἡράκλειτος ὑηγμάτια τινα ἐλάχιστα, κỳ ἀμερῆ εἰσάγει. Heraclitus etiam ramenta quædam minima, partiumque expertia introducit. *Plutarch. de Placitis Philos. l.* 1 , *c.* 1 3. *Idem l.* 1 , *t.* 16 , *de Thalete , & Pythagoreis.*

(*b*) Ἐπίκουρος ἀπεριληπ]α εἶναι τὰ σώματα, κỳ πρῶτα δὲ ἀυλὰ, τὰ δὲ ἐκ ἐκείνων συγκρίματα, βάρος ἔχειν. Epicurus comprehendi corpora negabat , *ac prima quidem asserebat esse simplicia , de his autem composita gravitatem habere.* Stobæus *Eclog. Phys.* p. 33.

(*c*) Ξενοκράτης, κỳ Διόδωρος ἀμερῆ τα ἐλάχιστα μερίζοντο. Xenocrates & Diodorus minima partibus carere dixerunt. *Stobæi Eclog. Phys.* p. 33. *Geneva ,* 16c9. *fol.*

(*d*) Manus tua , quæ creavit orbem terrarum *ex materiâ. Lib. Sapient. c.* 11 , *v.* 18. *Et S. Paul aux Hébr. c.* 11 , *v.* 3.

(*e*) Godofr. *Waltherus in sepulchris Eleaticis ,* cap. 3 , *Sect.* 6 , *pag.* 17 *& seq.*

des monades prenoit fa fource dans la philofophie de Parménides, fur quoi M. Brucker (*a*) remarque qu'il n'a pas ré[illegible]ans
fon entreprife , & que la doctrine qu'il
donne comme les fentimens de cet ancien
philofophe , lui appartient moins qu'à Platon. Cette derniere remarque eft
jufte ; mais que ce foient les fentimens de
Parménides ou de Platon que le fçavant
Allemand ait expofés , il fuffit à mon fujet
qu'ils foient de l'un ou de l'autre , pour ne
pas les paffer fous filence , & faire voir l'a-
nalogie que leurs idées avoient avec notre
célèbre moderne , lequel déclaroit lui-même dans toutes les occafions , qu'il avoit
puifé plufieurs de fes idées dans Platon (*b*),

____

(*a*) *Hiftoria Critica Philofophiæ* , t. *1* , p. 1166.

(*b*) » Un de mes amis m'a affuré qu'il tenoit de
» la bouche même d'un fçavant d'Italie , qu'étant
» allé à Hanovre pour fatisfaire à fon empreffe-
» ment de connoître M. Leibnitz , il fut pendant
» trois femaines avec lui , & qu'en fe féparant , ce
» grand homme lui dit : *Monfieur , vous m'avez*
» *fait la grace de me dire fouvent que je fçais quel-*
» *que chofe ; hé bien ! je veux vous faire voir les*
» *fources , où j'ai puifé tout ce que j'ai appris* : &
» là-deffus prenant l'étranger par la main , il le fit

& définissoit ses monades, de même que Platon ses idées, τὰ ὄντως ὄντα, *les êtres véritablement exiſtans* (*a*). Voici la maniere dont l'auteur en queſtion préſente les opinions de Parménides, dans leſquelles il trouve tant d'analogie avec le ſyſtême des monades.

I. L'exiſtence diffère de l'eſſence des choſes (*b*).

» paſſer dans ſon cabinet, où il lui montra pour » tous livres, Platon, Ariſtote, Plutarque, Sextus » Empiricus, Euclides, Archimedes, Pline, Séne- » que & Cicéron.

(*a*) Suas enim monadas eſſe τὰ ὄντως ὄντα, ſub-ſtantias ſimplices, Deum, animas, & mentes, ſimulacra univerſitatis, ait *in Epiſt. Hanſchii de Enthus. Platonico.*

(*b*) I. Exiſtentia differt ab eſſentiâ rerum.

II. Eſſentia rerum exiſtentium extra illas eſt.

III. Sunt quædam res ſimiles, quædam diſſimiles.

IV. Quæ ſimiles ſunt, eodem eſſentiæ conceptu comprehenduntur.

V. Omnes res referuntur ad certas claſſes, & ideas.

VI. Omnes ideæ in uno exiſtunt, in Deo; hinc omnia unum ſunt.

VII. Scientia non eſt notitia ſingularium, ſed ſpecierum.

VIII. Differt illa à rebus exiſtentibus.

II. L'effence des chofes qui exiftent eft hors de ces chofes mêmes.

III. Il y a dans la nature des êtres femblables, & d'autres diffemblables.

IV. Ceux qui font femblables font conçus exifter tous, dans le même état d'effence.

V. Toutes les chofes exiftantes fe réduifent à certaines claffes & idées déterminées.

VI. Toutes les idées ont leur exiftence dans l'*Un*, qui eft Dieu ; d'où vient que tout eft *un*.

VII. La fcience confifte dans la connoiffance des efpèces & non pas des individus.

VIII. Elle diffère des chofes exiftantes.

IX. Les idées étant en Dieu , échappent à la connoiffance des hommes.

X. D'où vient que l'homme ne conçoit rien parfaitement.

XI. Les notions de l'efprit font comme les ombres ou les images des idées.

IX. Cùm hæ ideæ in Deo fint, ideò latent hominem.

X. Hinc homini incomprehenfibilia funt omnia.

XI. Notiones mentis idearum umbræ funt, & imagines.

CHAP. II.

CHAPITRE II.

NATURE ANIMÉE.

Comparaison du Systéme de M. DE BUFFON avec celui D'ANAXAGORE, D'EMPÉDOCLE & de quelques autres Anciens.

61. JE sens toute la délicatesse du sujet que j'entreprends de traiter : mon dessein est de faire voir que le fond de la théorie du systême de M. de Buffon sur la matiere universelle, la génération & la nutrition, a tant de ressemblance avec tout ce qu'en ont enseigné Anaxagore, Empédocle, & quelques autres Anciens, qu'il est difficile, après avoir comparé les opinions de ces illustres philosophes avec celles du célèbre Moderne, de ne pas penser que ses idées ont tiré leur origine de l'étude de ces Anciens ; d'autant plus qu'il paroît que M. de Buffon les a lus avec attention, & qu'il sçait apprécier leur mérite : cependant comme il ne fait pas souvent usage de leur autorité pour appuyer ses sentimens, on pour-

Systême de M. de Buffon, comparé avec les sentimens d'Anaxagore, Empédocle, &c.

Partie I.   G

roit être porté à croire que ma conjecture n'eſt pas fondée, ou que M. de Buffon lui-même ne s'eſt pas apperçu de l'analogie *qui règne par-tout* entre ſon ſyſtême, & celui des Anciens; à quoi je n'ai autre choſe à répondre, ſinon que le lecteur lui-même pourra décider là-deſſus, lorſqu'il aura examiné la manière dont je vais expoſer la queſtion : mais en attendant, il eſt bon d'obſerver qu'on ne peut pas conclure de ce que M. de Buffon ne s'appuie pas toujours de l'autorité des Anciens, qu'il n'a pas toujours connu ce qu'ils ont penſé, & encore moins que, s'il les a étudiés, il n'aura pas entrevu la conformité de leurs ſentimens avec les ſiens ; & je fais cette obſervation avec d'autant moins de répugnance, que je ne penſe pas que ce que j'avance ici, doive ou puiſſe diminuer en aucune manière de la gloire de cet habile écrivain, qui aura toujours le mérite d'avoir ſaiſi avec la plus grande ſagacité les principes des philoſophes Grecs, & d'avoir fait revivre leurs raiſonnemens, dont les injures du temps avoient détruit la plus grande partie.

62. Il me semble, en suivant l'idée de
M. Fréret, que le restaurateur du système
de quelque grand homme, dont le fond ne
s'entrevoit que par quelques fragmens qui
nous auront été conservés de ses écrits,
peut être justement comparé à un habile
sculpteur, lequel trouvant un buste rompu
de Phidias, ou de tout autre fameux sculpteur de l'antiquité, pourroit, avec le secours de son génie, & de ses connoissances
dans son art, juger exactement, par ce
seul morceau, de tous les rapports que doivent avoir entr'eux les membres qui ap-
partenoient à ce buste; déterminer leurs
justes proportions au buste rompu, les travailler, les joindre, & en former une sta-
tue aussi parfaite, qu'il y a apparence que
l'auroit été celle dont ce buste faisoit la
principale partie : le mérite d'un tel artiste
moderne mériteroit sans doute de grands
éloges; mais la gloire de l'ancien artiste
seroit toujours au-dessus de la sienne,
parce que l'on doit sentir que les idées des
proportions de ces membres ajoutés se-
roient puisées dans celles que lui auroit

fourni le buſte rompu. Il eſt aiſé d'appliquer cette comparaiſon aux philoſophes modernes, dont quelques-uns des plus célèbres, bien loin de chercher à ſe défendre d'avoir emprunté leurs opinions des Anciens, ont été ſouvent les premiers à le déclarer; ce dont Deſcartes (*a*) & les principaux Newtoniens (*b*) nous fourniſſent des exemples frappans & dignes d'être imités.

Expoſition du ſyſtéme d'Anaxagore.

63. Diogène de Laërce, Plutarque & Ariſtote nous apprennent qu'Anaxagore croyoit que les corps étoient compoſés de petites particules ſemblables ou homogènes; que ces corps admettoient cependant un mélange de petites particules hétérogènes, ou d'autre eſpèce; mais qu'il ſuffiſoit, pour conſtituer un corps d'une

---

(*a*) Nec me primum ullarum opinionum inventorem eſſe jacto; ſed tantùm me illas pro meis adoptaſſe, quòd mihi eas ratio perſuaſiſſet. *Deſcartes, de Methodo*, p. 47. *Edit. Amſter.* 1692. *Typis Blaeu, tom.* 1.

(*b*) *Gregorii Præfat. Aſtron. Phyſ. & Geomet. Element.*

efpèce particuliere, qu'il fût compofé d'un
plus grand nombre de petites particules
femblables & conftituantes de cette efpèce.
Les différens corps étoient différens amas
de particules femblables entr'elles, quoique diffemblables, relativement aux particules d'un autre corps, ou amas de petites particules d'une efpèce différente; il
croyoit, par exemple (*a*), que le fang
étoit formé de plufieurs gouttes ou particules, dont chacune étoit du fang; qu'un
os étoit formé de plufieurs petits os, qui
par leur extrême petiteffe fe déroboient

(*a*) Nunc & Anaxagoræ fcrutemur Homœomeriam,
   Quam Græci memorant, nec noftrâ dicere linguâ
   Concedit nobis patrii fermonis egeftas.
   Sed tamen ipfam rem facile eft exponere vèrbis.
   Principium rerum quam dicit *Homœomeriam*;
   Offa videlicet è pauxillis, atque minutis
   Vifceribus vifcus gigni; fanguénque creari,
   Sanguinis inter fe multis coëuntibu' guttis:
   Ex aurique putat micis confiftere poffe
   Aurum, & de terris terram concrefcere parvis;
   Ignibus ex ignem, humorem ex humoribus effe.
   Cætera confimili fingit ratione, putatque.
                            Lucretius **L. 1**, *v.* 830.

G iij

à notre vue ; & c'étoit cette fimilitude de
parties qu'il appelloit ὁμοιομέρειας , *fimilari-*
tates. Ainfi , felon ce philofophe , il n'y
avoit point de génération , ni de corruption, point de naiffance, ni de mort, proprement dites ; la génération de chaque efpèce n'étant que l'affemblage de plufieurs
petites particules conftituantes de cette efpèce, & la deftruction d'un corps n'étant
que la défunion de plufieurs petits corps
de la même efpèce , qui confervant toujours une tendance naturelle à fe rejoindre,
reproduifent enfuite , par leur réunion
avec d'autres particules fimilaires , d'autres
corps de la même efpèce. La végétation &
la nutrition étoient les principaux moyens
employés par la Nature pour la réproduction des êtres : ainfi les différens fucs de la
terre étant compofés d'un mélange de petites particules innombrables, conftituant
les différentes parties d'un arbre , ou d'une
fleur, par exemple, prenoient, fuivant les
loix de la Nature, différens arrangemens;
& par le mouvement qui leur étoit imprimé, fuivoient leur cours jufqu'à ce qu'é-

tant arrivés aux endroits qui leur étoient
propres & destinés, ils s'y arrêtoient, pour
contribuer, par leur assemblage, à la formation de toutes les différentes parties de
cet arbre, ou de cette fleur; de façon
que plusieurs petites feuilles impercepti-
bles formoient les feuilles que nous appercevons; plusieurs petits fruits formoient
les fruits que nous mangeons (*a*), & ainsi

(*a*) Τροφὴν γὰρ προσφερόμεθα ἁπλῆν, κὴ μονοειδῆ,
οἷον τὸν Δημητρεῖον ἄρτον, τὸ ὕδωρ πίνοντες· κὴ ἐκ ταύτης
τῆς τροφῆς τρέφεται θρίξ, φλὲψ, ἀρτηρία, νεῦρα, ὀστᾶ,
κὴ τὰ λοιπὰ μόρια. Τούτων ἐν γινομένων, ὁμολογητέον ἐστὶν,
ὅτι ἐν τῇ τροφῇ τῇ προσφερομένῃ πάντα ἐστὶ τὰ ὄντα, κὴ ἐκ
τῶν ὄντων πάντα αὔξεται, κὴ ἐν ἐκείνῃ ἐστὶ τῇ τροφῇ μόρια,
αἵματος γεννητικὰ, κὴ νεύρων, κὴ ὀστέων, κὴ ἄλλων τῶν ἃ
ἦν λόγῳ θεωρητὰ μόρια. Οὐ γὰρ δεῖ πάντα ἐπὶ τὴν αἴσθησιν
ἀνάγειν, ὅτι ἄρτος, κὴ τὸ ὕδωρ ταῦτα κατασκευάζει, ἀλλ'
ἐν τούτοις ἐστὶ λόγῳ θεωρητὰ μόρια. Ἀπὸ τὰ ἐν ὅμοια τὰ
μέρη εἶναι ἐν τῇ τροφῇ τοῖς γεννωμένοις, ὁμοιομερείας αὐτὰς
ἐκάλεσε, κὴ ἀρχὰς τῶν ὄντων ἀπεφήνατο· καὶ τὰς μὲν ὁμοιομερείας, ὕλην· τὸ δὲ ποιοῦν αἴτιον, τὸν νοῦν τὸν τὰ πάντα
διαταξάμενον. Ἀρχέλαη δὲ οὕτως·

Ὁμοῦ πάντα χρήματα ἦν, νοῦς δὲ αὐτὰ διῆρε, κὴ διεκόσμησε.

Itaque, dicebat ille, *simplicem*, atqve uniformem
cibum sumimus, ut triticeum panem, bibentes

du refte ; il en étoit de même, fuivant ce
philofophe, de la nutrition des animaux :
le pain que nous mangeons, & les autres
alimens que nous prenons, fe convertif-
fent dans fon fyftême, en cheveux, en
veines, en artères, en nerfs & en toutes

---

aquam ; at **●●** *ex hoc cibo capillus, vena, arteria,
nervi, offa, cœte-aque corporis partes nutriuntur.*
Quúmque hæc fiant, neque tamen ex nihilo pro-
duci poffint, *fatendum eft*, *quòd in fumpto cibo res
omnes reperiuntur*, atque ex iis, quæ infunt,
omnia augentur; atque proindè *in ejufmodi cibo
funt partes, fanguinis procreatrices, five gignendo
fanguini accommodatæ, nervorumque fimiliter, &
offium, aliorumque partes*, quæ menti confpicuæ
fint. Neque enim omnia ad fenfum revocare oportet, quòd nimirùm panis, & aqua ifta efformet ;
fed in iftis potiùs partes funt, quæ mente percipi,
comprehendique poffint. Ex eo quòd igitur in cibo
fint partes fimiles illis, quæ in corpore generantur,
partes illas fimilares vocavit, rerumque principia
effe dixit. Ac fimilares quidem partes, materiam ;
mentem verò, quæ omnia difpofuit, efficientem
caufam effe putavit. Sic enim exorditur :

Simul res omnes erant ; mens verò ipfas diremit,
atque difpofuit.

Plutarch. de Placitis Philofoph. Lib. 1, c. 3.

les autres parties de notre corps, parce qu'il y a dans ces alimens les parties conſtituantes du ſang, des nerfs, des os, des cheveux, &c., leſquelles, ſe réuniſſant les unes aux autres, ſe font appercevoir enſuite par leur aſſemblage, au lieu qu'elles ſe dérobent auparavant à nos ſens par leur infinie petiteſſe.

64. Empédocle a auſſi reconnu les mêmes principes ſur la nutrition des animaux, qu'il diſoit (*a*) ſe faire de la ſubſtance des alimens propres & accommodés à la nature de l'animal.

Sentiment d'Empédocle ſur la nutrition.

65. Le même Empédocle enſeignoit que la matiere avoit pour principe une force inhérente & vivante; un feu ſubtil & actif, qui mettoit tout en mouvement (*b*); & que M. de Buffon appelle au-

Autre ſentiment du même philoſophe ſur les élémens de la matiere.

____

(*a*) Ἐμπεδοκλῆς τρέφεσθαι μὲν τὰ ζῶα διὰ τὴν ὑπόστασιν τῷ οἰκείου, αὔξεσθαι ἢ διὰ τὴν παρουσίαν τῷ θερμοῦ.

Empedocles ait animalia nutriri quidem *ex accommodati, ſibique convenientis cibi ſubſtantiâ:* ex caloris autem acceſſu, ſive præſentiâ augeri. *Plut. de Placit. Philoſ. L.* 5, *c.* 27.

(*b*) *Origenes Philoſoph. c.* 3.

trement *matiere organique , toujours active ;*
ou *matiere organique animée ;* & » cette ma-
» tiere , chez Empédocle , étoit divifée en
» quatre élémens , entre lefquels il y avoit
» une liaifon qui les uniffoit , & une dif-
» corde qui les divifoit ; & dont les petites
» parties s'attiroient mutuellement , ou fe
» repouffoient les unes les autres (*a*) ; ce
» qui faifoit que rien ne périffoit , mais
» que tout étoit dans une perpétuelle vicif-
» fitude dans la Nature : « d'où il s'enfuit
que dans le fyftême d'Empédocle , comme
dans celui d'Anaxagore , il n'y avoit point
de vie ou de mort proprement dites , mais
que les effences des chofes confiftoient

(*a*) Ἄλλο δέ τοι ἐρέω. Φύσις οὐδὲν ἐσιν ἁπάντων
Θνητῶν, οὐδέ τις οὐλομένου θανάτοιο τελευτὴ·
Ἀλλὰ μόνον μίξις τε , διάλλαξίς τε μιγέντων
Ἐσι , Φύσις δ᾽ βροτοῖς ὀνομάζεται ἀνθρώποισιν.

Jam quòd naturam mortales nomine dicunt,
Hoc nihil eft ; neque enim mortem Natura , vel
   ortum
Humano præbet generi ; nam mixtio tantùm ,
Mixtorumque fubeft quædam fecretio rebus ;
Idque homines vulgò Naturam dicere fuerunt.
   Plutarch. de Placit. Philof. L. 1 , c. 30.

dans ce principe actif, d'où elles étoient
émanées (*a*), & dans lequel elles se rédui-
soient, ou se décomposoient en dernier
ressort.

66. Empédocle avoit encore sur la génération un sentiment que M. de Buffon
a suivi, & qu'il a presque exprimé dans
les mêmes termes, lorsqu'il dit *que les li-*
queurs séminales des deux sexes contiennent
toutes les molécules analogues au corps de
l'animal, & nécessaires à sa réproduction (*b*).

67. Plotin, suivant l'idée d'Empédocle,
a recherché quelle pouvoit être la raison
de cette sympathie & de cette attraction

(*a*) Οὐ παραπεμπόμενοι καὶ τὸν Ἐμπεδοκλέα, ὃς φυσικῶς ἄπως τῆς τῶν πάντων ἀναλήψεως μέμνηται, ὡς ἐσομένης ποτὲ εἰς τὴν τοῦ πυρὸς οὐσίαν μεταβολῆς.

Admitto etiam Empedoclem, qui admodùm na-
turaliter universorum meminit instaurationis, quòd
scilicet aliquandò futura sit mutatio in ignis essen-
tiam. *Clement Alexandr. stromatum*, L. 5, p. 505.

(*b*) *Empedocles quidem divulsa esse sobolis membra*
aiebat, ut in fœmina alia, alia in maris semine con-
tinerentur : Galen. de semine, Lib. 2, c. 3.

Vid. etiam Galen. histor. Philos. cap. de semine;
& Plutarch. de Placit. Lib. 1, cap. 3.

dans la Nature, & il la trouve dans une *harmonie & une assimilation de parties (a),* *qui les porte à se lier ensemble, lorsqu'elles se* *rencontrent,* ou à se repousser, *lorsqu'elles* font dissemblables; il dit que c'est la *va-* *riété de ces assimilations qui concourt à la for-* *mation de l'animal;* & il appelle cette liaison & cette désunion, la force magique de l'univers : & son habile interprète, Marsile Ficin, expliquant le sens de ce passage, dit *que les différentes parties de chaque*

(a) Τὰς δὲ γοητείας πῶς; ἢ τῇ συμπαθείᾳ, καὶ τῷ πεφυκέναι συμφωνίαν εἶναι ὁμοίων, καὶ ἐναντίωσιν ἀνομοίων· καὶ τῇ τῶν δυνάμεων τῶν πολλῶν ποικιλίᾳ εἰς ἓν ζῷον συντελούτων· καὶ γὰρ μηδενὸς μηχανωμένου ἄλλου, πολλὰ ἕλκεται, καὶ γοητεύεται. καὶ ἡ ἀληθινὴ μαγεία, ἡ ἐν τῷ παντὶ φιλία, καὶ τὸ νεῖκος αὖ.

Magicos verò attractus quânam ratione fieri dicemus ? Profectò *ex consensione quâdam rerum* in patiendo ; ac lege quâdam naturæ faciente, ut *in-* *ter similia quidem concordia sit*, inter dissimilia verò discordia : item virium multarum varietate in unum animal conferentium. Etenim nullo alio machinante multa ritu quodam magico attrahuntur; veraque vis magica, est amicitia in universo, rursúsque discordia. *Plotini Ennead. 4. L. 4. p. 434.*

animal (a) ont une vertu attractive en elles,
au moyen de quoi elles s'approprient les por-
tions d'alimens qui leur conviennent davan-
tage.

68. Venons à préfent au fyftême de M. de Buffon, qui fera plus aifé à expofer, parce que je me fervirai de fes propres termes. Cet illuftre écrivain penfe, avec Anaxagore, qu'il y a dans la nature une matiere commune aux animaux & aux végétaux, qui fert à la nutrition & au développement de tout ce qui vit & qui végète; & avec Plotin, que cette matiere peut opérer la nutrition & le développement, en s'affimilant à chaque partie du corps de l'animal ou du végétal, & en pénétrant intimement la forme de ces parties, qu'il appelle le moule intérieur. Cette matiere nutritive & productive eft univerfellement répandue par-tout, & compofée de particules organiques, toujours actives, tendan-

Expofition du fyftème de M. de Buffon.

(a) Animalis quodlibet membrum *habet vim ad attrahendam portionem propriam alimenti,* venæ ad fanguinem, arteriæ ad fpiritum, tefticuli ad femen. *Marfil. Ficini in Plotini Enn.* 4, *L.* 4. *capitulo* 40.

tes fans ceffe à l'organifation , & prenant d'elles-mêmes des formes différentes , fuivant les circonftances; de forte que , comme Anaxagore , il croit qu'il n'y a point de germes préexiftans , point de germes contenus à l'infini les uns dans les autres , mais une matiere organique toujours active , toujours prête à fe mouler , à *s'affimiler &.à produire des étres femblables à ceux qui la reçoivent :* les efpèces d'animaux ou de végétaux ne peuvent donc jamais s'épuifer d'eux-mêmes ; tant qu'il fubfiftera des individus , l'efpèce fera toujours toute neuve : elle l'eft autant aujourd'hui qu'elle l'étoit au commencement , & toutes fubfifteront d'elles-mêmes , tant qu'elles ne feront pas anéanties par la volonté du Créateur. Il s'enfuit de ces principes que la génération & la corruption ne font que la différente affociation ou défunion des parties femblables , lefquelles , après la décompofition d'un corps animal ou végétal , peuvent fervir à reproduire un autre corps de la même efpèce , pourvu , felon M. de Buffon , que ces petites parties conftituantes rencontrent un lieu convenable au développement de ce qui doit en réfulter pour la génération de l'animal, ou qu'elles paffent par le moule intérieur de l'animal ou du végétal, & s'affimilent aux différentes parties, en pénétrant intimement l'intérieur ; & c'eft en cette derniere condition feulement que confifte la différence entre les opinions des Anciens que je viens de rapporter, & la théorie de M. de Buffon. Celui-ci croit que les parties fimilaires & organiques ne deviennent fpécifiques qu'après s'être affimilées aux différentes parties du corps qu'elles doivent compofer ; au lieu qu'Anaxagore les croyoit toujours fpécifiques, & ne penfoit pas qu'elles euffent befoin de pénétrer la forme des parties pour s'y affimiler.

69. Un autre principe de M. de Buffon eft que, lorfque cette *matiere nutritive eft plus abondante qu'il ne faut pour nourrir & développer le corps animal ou végétal, elle eft renvoyée de toutes les parties du corps dans un ou plufieurs réfervoirs, fous la forme d'une liqueur, qui eft la liqueur féminale des*

deux sexes ; lesquelles, mêlées ensemble, contribuent à la formation du fœtus, qui devient mâle ou femelle, suivant que la semence du mâle ou de la femelle abonde le plus en molécules organiques ; & ressemble au pere ou à la mere, suivant la différente combinaison de ces deux semences. On trouve encore l'origine de cette idée dans les passages de Pythagore & d'Aristote, rapportés ci-dessous (*a*) ; & dans

(*a*) Φανερὸν, ὅτι τῆς αἱματικῆς ἂν εἴη περίττωμα τροφῆς, τὸ σπέρμα, τῆς ἐπὶ τὰ μέρη διαδιδομένης τελευταίας.

Constat semen esse excrementum alimenti, quod ultimum in membra digeritur. Aristotel. de generatione animal. *Lib.* 1, *c.* 19, *p.* 1063. *E.*

Δημόκριτος ἀφ' ὅλων τῶν σωμάτων καὶ τῶν κυριστάτων μερῶν, οἷον τῶν σαρκικῶν, ὀστῶν, καὶ ἰνῶν.

Democritus ab omnibus præcipuis corporis partibus semen derivari credit, ut ossibus, carne, venis. *Gal.*

Historia philosophica *de semine.* Basil. 1538. *pars quarta, p.* 435. *lin.* 48, 49.

„ Dans le même chapitre il rapporte un sentiment „ de Pythagore qui est précisément exprimé comme „ celui de M. de Buffon ; qui fait provenir *la se-* „ *mence d'une matiere nutritive surabondante ; se-men nutrimenti partem quamdam superabundan-tem esse.*

Hippocrate

Hippocrate cité par M. de Buffon même, *pag.* 141 du 3ᵉ. tome *in-12.* de l'*Histoire Naturelle.*

70. Ce seroit sortir de mon sujet que de vouloir parler sur le mérite de l'un ou de l'autre système ; mon but est suffisamment rempli, si j'en ai fait voir l'analogie. Il me semble que tous deux ont leur mérite, & que tous deux sont les productions de très-beaux génies ; celui d'Anaxagore a plus d'inconvéniens, & n'étoit pas appuyé sur les expériences exactes & laborieuses, qui soutiennent celui de M. de Buffon ; mais il faut avouer aussi que le philosophe grec avoit beaucoup fait d'avoir imaginé les principes qu'a suivi le philosophe moderne ; & que l'avantage, que l'un a eu d'avoir pu faire usage du microscope, ne doit pas dans un parallèle tourner au désavantage de l'autre.

Et Plutarchus *de Placitis Philos.* Lib. 5, c. 3. *Pythagoras semen esse* dixit *alimenti superfluitatem,* περίττωμα τῆς τροφῆς.

Voyez aussi un peu plus haut, p. 107, note (*b*), & Hippocrate, *Lib. 1, de Diætâ in principio.*

I. Partie. H

Je passe à l'examen d'un autre système, qui n'est pas moins délicat que celui que je quitte ici, & dont on trouve également des traces chez les anciens.

CHAPITRE III.

Nature active & animée. Systéme de M. NEEDHAM.

71. APRÈS une longue suite d'expériences microscopiques, M. Needham (*a*) a remarqué qu'elles conduisoient toutes à faire voir (*b*), que les substances animales & végétales sont originairèment les mêmes ; qu'elles se convertissent l'une en l'autre réciproquement, par un changement fort aisé ; qu'elles se décomposent

Exposition du systême de M. Needham.

(*a*) ,, M'étant trouvé un jour avec M. Need-
,, ham , & parlant de son systême , il a saisi
,, cette occasion de s'expliquer sur quelques expres-
,, sions de son livre , auxquelles il se plaint que
,, l'on n'a pas donné l'interprétation la plus juste &
,, la plus naturelle ; & il a desiré que je lui don-
,, nasse le moyen de le faire, en insérant ici les deux
,, ou trois notes suivantes.

(*b*) *Observations Microscopiques. Paris,* 1750. *in*-12. *pages* 271 , 241 , 242 , 319 , 320, 267, 269, 270 , 320, 335 ,377 , 379 , 382.

H ij

en un nombre infini de zoophytes (*a*) qui
fe réfolvant, donnent toutes les différentes efpèces d'animaux microfcopiques communs, lefquels, après un certain temps,
deviennent immobiles, fe réfolvent encore & donnent des zoophytes ou des animaux d'une efpèce inférieure ; que les ani-
malcules fpermatiques ont la même propriété de fe réfoudre, & dans leur décompofition, de donner des animaux plus petits jufqu'à ce qu'enfin ils échappent entierement à la force des meilleures lentil-
les. L'auteur des obfervations croit qu'il

____

(*a*) „ Nommés ainfi, parce qu'ils doivent leur
„ origine à des plantes microfcopiques, dont ils
„ font vifiblement le produit. On les partage en
„ deux claffes; ceux qui ont un principe de fpon-
„ tanéité ; & les autres qui font fimplement vitaux.
„ Cette vitalité eft précifément la même chofe que
„ l'irritabilité de Haller, & dépend du même prin-
„ cipe, à l'exclufion de tout fentiment & de toute
„ fpontanéité. Ce même principe vient d'être dé-
„ couvert tout récemment, & obfervé par un Natu-
„ ralifte de Florence dans quelques fleurs, qui font
„ les parties génératrices, & les plus exaltées des
„ plantes. *Note de M. Needham.*

eſt probable de-là que toute ſubſtance ani-
male ou végétale avance autant qu'elle
peut dans ſa réſolution, pour retourner par
degrés à des principes communs à tous les
corps , & qui ſont une eſpèce univerſelle.

72. L'Auteur inſinue enſuite , que dans
la décompoſition les corps ſe ſubtiliſent
tellement que la réſiſtance diminue toujours , & que l'activité motrice augmente
proportionnellement ; qu'*après avoir paſſé
la ligne de ſpontanéité , le mouvement ſe ſim-
plifie juſqu'à devenir purement oſcillatoire ,
avec différens degrés de vîteſſe , & que par conſéquent la matiere doit être conſidérée comme
paſſant continuellement d'un état à un autre ,
& conſtituant des élémens de plus en plus
actifs.*

Suite de la même opinion.

73. Un peu après , il n'héſite plus à
croire, qu'à meſure que la matiere ſe dé-
compoſe, elle ſe ſubtiliſe , & que la vîteſſe
des corps devient plus grande à proportion
que les corps ſont plus petits ; il avoit dit
que toute combinaiſon phyſique (ou *ma-
térielle*) pouvoit ſe réduire en derniere raiſon à des agens ſimples , tels que la réſi-

Suite du même ſyſtè- me.

ftance & le mouvement (*a*) ; que l'idée de l'étendue n'eft que l'effet des actions fimul-tanées ; que la réfiftance & l'activité motrice (*b*) font un réfultat d'actions fimples ; & enfin qu'un nombre d'agens fimples & inétendus peuvent concourir à nous donner l'idée d'une combinaifon étendue, divifible & fubftantielle : il dit enfuite que les principes de la matiere font des fubftances dans lefquelles l'effence, l'exiftence & l'action fe terminent en dernieres raifons, & *qu'il y a des principes actifs dans l'univers, qui produifent de leur propre nature le mouvement* (*c*) : enfin il conclut par dire que la

---

(*a*) » C'eft-à-dire, doués par la Divinité des prin-» cipes de la réfiftance & du mouvement. *Note de* » *M. Needham.*

(*b*) » *En concret*, telles que nous les voyons dans » les effets qu'elles produifent. *Du même.*

(*c*) „ Mais toujours dépendamment de la Divi-„ nité qui les a créés ainfi, comme il a donné à „ l'ame des bêtes le principe du fentiment, & à „ l'ame de l'homme la puiffance de la raifon. Mais „ ce principe de pur mouvement ne renferme aucun „ fentiment, aucune fpontanéité, aucune volonté.

matiere , portée jufqu'à fes premiers principes , n'eft plus une maffe inactive ; *mais
qu'elle devient activité réfiftante , mouvante ou
vitale* , dont chaque portion eft fenfible (*a*) :
& dans un autre endroit, il dit, que la
vitalité eft fenfible dans chaque particule ,
& qu'enfin il y a *une activité pofitive dans
la matiere.*

74. Si l'on compare à préfent ce fyftême
avec la doctrine de quelques Anciens, on y
découvrira aifément une conformité frappante. Pythagore & Platon (*b*) enfei-
gnoient, que tout étoit animé dans la Nature , & que *la matiere avoit en elle-même un
principe de mouvement* & de repos, qui la

Comparai-
fon de ce fy-
ftême avec
les opinions
de Pythago-
re & de Pla-
ton ;

„ Il agit, quand il eft dégagé de la réfiftance, qui
„ eft comme fon antagonifte ; & comme un reffort,
„ il fe déploie fans ceffe , & de plus en plus dé-
„ montre fa force au-dehors, à mefure que la réfi-
„ ftance diminue, toujours actif & toujours agif-
„ fant. *Note de M. Needham.*

(*a*) „ Dont chaque portion participe felon fa
„ nature. *Du même.*

(*b*) *Diogenes Laert. Lib.* 8. *Sect.* 25. *Plutarch.
de Placitis Philof. Lib.* 2 , *c.* 3.

H iv

tenoit fans ceffe en action ; ce qui n'eft autre chofe dans le fyftême de M. Needham
que la force active combinée avec la force
de réfiftance.

75 Les Pythagoriciens (*a*) croyoient
que le Monde étoit animé, qu'il y avoit un
principe de vitalité infus dans toute la Nature, qui s'étendoit non-feulement au règne animal (*b*), mais auffi paffoit dans le
règne végétal par une génération conftante

***

(*a*) Ὧι ποτιμίξε δύο δυνάμεις, ἀρχὰς κινησίων. Cui
(Natura fcil.) duas potentias immifcuit, motuum
principia. *Timæus Locrenf. tom* 3... *Platonis Edit.
Steph. p.* 94. *D. &* 95. *E.* 96. *A.*

(*b*) „ Epicure enfeignoit auffi la même doctrine
„ fur la génération, & (comme M. Needham,)
„ difoit avec Anaxagore & Euripide, que rien
„ ne meurt dans la Nature.

Οἱ περὶ Ἐπίκουρον ἐκ μεταβολῆς τῆς ἀλλήλων γεννᾶσθαι
τὰ ζῶα· ὡς καὶ Ἀναξαγόρας, κ᾽ Εὐριπίδης· θνήσκει,
μεταμειβόμενα ἢ ἄλλο ποτὲς ἄλλο, μορφὰς ἔδειξεν. Epicurei animalia ex mutuâ in fefe mutatione nata puta-
runt : quod Anaxagoras etiam, & Euripides exiftimavit, inquiens : Nihil moritur, fed aliud in
aliud converfum formas varias oftendit. *Plutarch.
de Placitis Philof. lib.* 5 , *cap.* 19.

& fucceſſive ; ils reconnoiſſoient *une force
productive , principe actif dans la matiere,*
qui pénétroit tout & mettoit tout en mouvement , & qui étoit l'ame du Monde, ou
la force imprimée par Dieu dans la Nature (*a*).

76. Et c'eſt ce que M. Needham appelle
les *principes actifs dans l'univers qui produi-* Principes
de la Nature
chez Platon.

(*a*) Ἡ φύσις ἀρχὴ κινήσεως, καὶ στάσεως : Natura
principium motûs , ac quietis. *Stobæus Eclog. Phyſ.
Lib.* 1 , *p.* 29.

„ Ariſtote en donne la même définition, *Lib.* 2.
Phyſic. cap. 1 , Sect. 3 & 4.

Ὁ δὲ καὶ θεὸς καὶ φύσει καὶ ἀρετῇ προτέραν, καὶ πρεσ-
βυτέραν ψυχὴν σώματος, ὡς δεσπότην καὶ ἄρξουσαν ἀρξα-
μένην συνεστήσατο. Deus autem & ortu, & virtute priorem antiquioremque genuit mundi animum, eum-
que ut Dominum, atque imperantem obedienti
præfecit corpori. *Platonis Timæus* , *p.* 34. *C.*

Quemadmodum Deus ſuâ virtute creaſſet Naturam, ita & ipſa Natura, velut Dea quædam, crea-
tum illum ordinem, atque poteſtati ſuæ relictum,
efficax gubernaret. *Gravius de philoſoph. veter.
pag.* 569.

Plato in Theæteto, p. 152. *D.* 153. *A. tom.* 1.

fent de leur propre nature le mouvement (*a*);
ou la vitalité fenfible dans chaque particule; *activité mouvante ou réfiftante*, que
Platon joignoit auffi à la matiere, comme
un principe (*b*) *actif*, qui tenoit tout au com-

(*a*) „ Defcartes prétend que Dieu a mis tout en
„ mouvement dans l'univers, en imprimant dans
„ le commencement une certaine quantité détermi-
„ née de mouvement qui fe communique de corps
„ en corps fans fouffrir de diminution : Mallebran-
„ che dit que Dieu toujours agiffant, produit à
„ chaque inftant la quantité de mouvement qui eft
„ néceffaire : pour moi, je ne vois rien de contraire
„ à la religion en admettant des agens fimples,
„ doués des deux principes de réfiftance & de mou-
„ vement en eux-mêmes ; comme on dit que l'ame
„ des bêtes eft un agent fimple, doué de la faculté
„ de fentir ; & celle de l'homme un être fimple,
„ doué de la puiffance de raifonner. *Note de M.*
Needham.

(*b*) Ἀλλὰ κινούμενον πλημμελῶς, καὶ ἀτάκτως, εἰς
τάξιν αὐτὸ ἤγαγεν ἐκ τῆς ἀταξίας, ἡγησάμενος ἐκεῖνο
τούτου πάντως ἄμεινον.

Sed quod immoderatè, & inordinatè fluctuaret,
id ex inordinato in ordinem adduxit ; ratus ordinem
perturbatione omninò effe meliorem. *Platon. Ti-*
maus, p. 30, A. tom. 3.

mencement dans un mouvement indéter-
miné & défordonné , & lequel, à la formation du Monde , fut réglé par Dieu , &
dirigé fuivant des loix conftantes ; & ce
grand philofophe difoit pofitivement que
Dieu n'avoit point rendu la matiere oifive ,
& inactive , mais qu'il avoit feulement em-
pêché qu'elle ne fût agitée aveuglément.

77. Si M. Needham dit que toute combinaifon phyfique peut fe réduire en dernier reffort à des agens fimples , doués de
réfiftance & de mouvement ; que l'idée de
l'étendue n'eft que l'effet des actions fimul-
tanées ; & qu'un nombre d'agens fimples
& indivifibles peuvent concourir à nous
donner l'idée d'une combinaifon étendue ,
divifible & fubftantielle ; Platon, long-
temps auparavant, avoit clairement diftingué avec les philofophes de fon temps la
matiere dont les corps font compofés ,
d'avec ces corps mêmes ; il remarquoit
une différence effentielle entre la matiere
productive de tous les corps, & les corps
qui en étoient produits. Et *Stobée*, expliquant le fentiment de Platon, convient

Suite du fen-
timent de
Platon ; &
belle expref-
fion d'Epi-
cure.

bien que la matiere eſt corporelle (*a*),
mais il avertit en même temps de prendre
garde à la confondre avec les corps, parce
qu'elle eſt deſtituée, dit-il, des qualités
eſſentielles aux corps, comme la figure,
la peſanteur, la légèreté, &c; quoiqu'elle

(*a*) Ἐπειδὴ δὲ ἡ μὲν φύσις, κατ' ἐπίνοιαν Πλάτωνος,
ἀρχὴ τίς ἐστι κινήσεως καὶ στάσεως, οὔτε δὴ κ̀ κατ'
ὕλη κατὰ τὸν ἴδιον λόγον, ὅτε κατὰ τὸ εἶδος· ἡ μὲν γὰρ ἀνεί-
δεος, τὸ δὲ εἶδος ἀεί, καὶ ἡ μὲν οὐ σῶμα, σωματικὴ δέ,
τὸ δὲ καθάπαξ ἀσώματον· οὐ σώματα δὲ τὴν ὕλην φασὶν,
οὐχ ὅτι οὐ μόνον ὑστερεῖσθαι δοκεῖ τοῦ ἀεὶ σῶμα διαστάσεων,
ἀλλ' ὅτι ἐκ πολλῶν ἄλλων ἀπολείπεται κατὰ τὸν ἴδιον λόγον, ἃ τοῖς σώμασιν ὑπάρχει, σχηματισμοῦ, χρώματος,
βαρύτητος, κουφότητος, ὅλως πάσης ποιότητος κ̀ ποσότητος.

Cùm ſit autem Natura, ex mente Platonis, prin-
pium motûs, ac quietis, neque ſuâ profectò naturâ,
neque ſecundùm formam movetur materia. Nam ut
illa formâ caret, ita hæc : & ut illa non corpus eſt,
ſed corporea, *ita hæc prorsùs incorporea. Negatur
autem corpus eſſe materia,* non tam quòd intervallis
corporeis careat, quàm quòd *aliis* quoque multis
*ad corpus pertinentibus per ſe deſtituatur, ut figurâ,
colore, gravitate, levitate, & omni denique quali-
tate, & quantitate.* Stobæus, *Eclog. Phyſic. Lib.* 1,
cap. 14, p. 29.

en ait l'effence , c'eft-à-dire l'aptitude au mouvement , à la divifibilité , & à recevoir différentes formes ; & un autre grand philofophe grec a auffi dit prefque dans les mêmes termes dont fe fert M. Needham, que *les idées de force* , de réfiftance & de pefanteur concourent à nous donner l'idée des corps (*a*).

78. Pythagore , Platon & Ariftote ont eu fur la génération un fentiment auquel fe rapporte bien évidemment ce que M. Needham a paru avoir écrit de nouveau là-deffus. Celui-ci dit que la premiere bafe de la végétation , ou le germe primitif , eft formé tout-à-coup & déterminé fpécifiquement , & que c'eft un premier point

Opinion de quelques Anciens fur la génération.

(*a*) Ὅθεν καὶ ἐπειδὰν λέγῃ ὁ Ἐπίκυρος , τὸ σῶμα νοεῖν κατ' ἐπισύνθεσιν μεγέθυς , καὶ σχήματος , καὶ ἀντιτυπίας κ ̇ βάρυς , ἐκ μὴ ὄντων σωμάτων βιάζεται τὸ ὂν σῶμα νοεῖν. Unde etiam cùm *dicit Epicurus intelligendum effe corpus ex compofitione magnitudinis , & figura, & refiftentia , & ponderis , urget ut iis , qua non funt corpora , intelligamus id, quod eft, effe corpus.* Sextus Empiricus, *adverf. phyfic. Lib. 10, Sect. 240, p. 673.*

d'action, qui commence à végéter, dès que
la chaleur concourt à ajouter à la force ex-
pansive; or, n'est-ce pas ce que ces anciens
philosophes vouloient faire comprendre,
lorsqu'ils disoient que la force de la semence étoit incorporelle & agissoit (*a*) sur
les corps aussi bien que l'esprit ? & Démocrite & Straton s'expliquoient là - dessus
avec encore plus d'énergie, lorsqu'ils disoient que la force étoit *spiritueuse* & se
convertissoit en corps (*b*).

Spinosa,
Hobbes &
quelques au-
tres ont re-
nouvellé les
opinions des
Anciens.

79. Je ne finirois point, si j'entreprenois
d'examiner tous les systêmes des Moder-

(*a*) Πυθαγόρας, Πλάτων, Ἀριστοτέλης ἀσώματον μὲν
εἶναι τὴν δύναμιν τῷ σπέρματος, ὥσπερ νοῦν τὸν κινοῦντα·
σωματικὴν δὲ τὴν ὕλην τὴν προχεομένην. Στράτων, κ Δημόκριτος κ τὴν δύναμιν σῶμα· πνευματικὴ γάρ.

Pythagoras, Plato, Aristoteles *seminis quidem
vim incorpoream esse arbitrantur*, sicuti mentem,
que corpus movet; materiem verò, quæ profunda-
tur, corpoream. Strato, & Democritus *ipsam quoque vim corpus esse, cùm spiritualis illa sit.* Plutarch.
de Placitis Philof. *Lib.* 5, *c.* 4. *p. 126.*

(*b*) Democritus & Strato vim quoque corpus esse
contendunt, spiritus cùm sit. *Galeni Historia Philosophica, cap. de semine.*

nes qui ont pris leur origine dans les écrits
des Anciens ; il me fuffit d'avoir démontré
cette affertion par l'exemple des deux fyftê-
mes qui fe montrent le plus avec quelque
apparence de nouveauté. Il me feroit également aifé de faire voir que le fpinofifme
a eu fa fource dans l'école Éléatique ; que
Xénophane & Zénon d'Elée en ont femé
les premiers germes , & que les anciens
Perfans, partie des Indiens , & une fecte
des Chinois avoient enfeigné depuis plufieurs fiecles cette doctrine impie & con-
tradictoire ; je pourrois auffi faire voir aifément que dans la Morale & la Politique ,
les plus célèbres Modernes n'ont rien dit
de nouveau (*a*) ; que celui dont les fentimens ont furpris davantage, Hobbes même,
n'a rien avancé qu'il n'ait trouvé chez les
philofophes grecs ou latins, & fur-tout
dans la philofophie d'Epicure (*b*) ; mais

(*a*) *Vide Brucker. Hift. Crit. Phil. tom.* 5. *p.* 180.

(*b*) Spartani primam honefti partem ponentes in
patriæ fuæ utilitate , jus aliud nec noverant , nec
dicebant , quàm undè Spartam putabant augeri

ces difcuffions me meneroient trop loin, & je veux me hâter d'entrer dans un autre champ, qui ne me fournira pas moins que celui que je laiffe, un grand nombre de nouveaux témoignages pour appuyer le fentiment que je défends.

---

poffe ; undè honefta iis videri, quæ fuavia funt ; jufta, quæ utilia. *Plutarch. in Agefilao.* Ad finem, tom. 1, p. 617. D.

CHAP. IV.

CHAPITRE IV.

Philosophie corpusculaire , & divisibilité de la matiere à l'infini.

80. On n'ignore pas que la philosophie corpusculaire , par le moyen de laquelle les physiciens de nos jours expliquent tout ce qui se passe dans la nature , a été renouvellée , d'après Epicure , par le célèbre Gassendi , & d'après Leucippe , Démocrite & Epicure , par Newton & ses disciples ; & ces deux illustres modernes ont, à l'imitation de ces anciens philosophes , cherché les raisons du changement continuel qui arrive aux corps , dans la différente figure & grandeur des petits corpuscules , dont ils disent que les uns sont petits & ronds , d'autres angulaires, crochus , plats ; les uns polis , & les autres grossiers & raboteux ; & que par leur différente jonction ou séparation , & par leurs arrangemens variés , ils constituent toutes les différences que nous observons dans les

Leucippe ; Démocrite & Epicure, auteurs de la philosophie corpusculaire.

Partie I.   I

corps. Il a déja été remarqué que l'on peut placer plus haut que Démocrite, l'origine de la philosophie corpusculaire, en remontant jusqu'à Moschus (*a*) le Phénicien, qui a le premier établi la philosophie des atômes ou des corpuscules ; car quoi qu'en dise un auteur moderne, il n'y a point de différence entre ces deux principes, & on en tire les mêmes conséquences ; avec cette différence seule, qu'il ne paroît pas que l'Ecole Phénicienne admît l'indivisibilité de ces atômes, au lieu que Leucippe, Démocrite & Epicure, au contraire, soutenoient que les atômes ne pouvoient être divisés ; parce que, quoiqu'ils pussent être conçus avoir des parties, il ne falloit pas entendre qu'elles pussent jamais être désunies : autrement, disoient-ils, il n'y auroit point de principes fermes dans la nature ; mais les atômes peuvent être conçus divisibles par l'entendement, l'extrême cohésion de leurs parties les rendant indi-

____

(*a*) *Sextus Empiricus, Lib. 9, adver. Mathem. Sect. 363. Strabo, Lib. 16, p. 757.*

vifibles par l'effort de quelque puiffance naturelle que ce foit.

81. Les Cartéfiens, les Newtoniens, & nombre de philofophes dans tous les fiécles (a), ont admis la divifibilité de la matiere à l'infini, & Ariftote a traité ce fujet er. auffi grand métaphyficien (b) qu'en

Divifibilité de la matiere à l'infini.

(a) Οἱ ἀπὸ Θάλεω, καὶ Πυθαγόρου καθητὰ σώματα, καὶ τμητὰ εἰς ἄπειρον· ἢ τὰς ἀτόμους. ἢ τὰ ἀμερῆ ἱστασθαι, κ μὴ εἰς ἄπειρον εἶναι τὴν τμῆν. Thaletis, atque Pythagoræ fectatores corpora perpeffioni obnoxia, & in infinitum quoque divifibilia dixerunt, vel atomos, five partium expertia corpora confiftere, neque divifionem in illis in infinitum abire poffe. *Plutarch. de Placit. Philof. L.* 1, *c.* 16.

(b) Ἐν ἢ τῇ συνεχεῖ ἔνεστι μὲν ἄπειρα ἡμίσεα, ἀλλ' ἐκ ἐντελεχείᾳ, ἀλλὰ δυνάμει. In continuo autem infunt quidem infinita dimidia, non tamen actu, fed poteftate. *Ariftotel. opera, to.* 1. *p.* 424, E. 425. A. *Natural. aufcult. L.* 8. *c.* 12.

Ἀριστοτέλης δυνάμει μὲν εἰς ἄπειρον σώματα τμητὰ εἶναι, ἐντελεχείᾳ ἢ ὑδαμῶς.

Ariftoteles autem exiftimavit corpora potentiâ quidem in infinitum dividi poffe, actu verò nequaquàm. *Plutarch. de Placit. Philof. L.* 1, *c.* 16.

habile mathématicien ; auſſi je ne veux pas parler de cette queſtion comme étant nouvelle , mais ſeulement préſenter ici une propoſition , avancée là-deſſus par les Newtoniens , qui a paru nouvelle , & qu'Anaxagore avoit cependant exprimée preſque dans les mêmes termes.

Maniere de s'exprimer d'Anaxagore;

82. Les Newtoniens diſent »qu'une » parcelle de matiere étant donnée auſſi » petite que l'on voudra , & un eſpace » quelconque borné , quelque grand qu'il » ſoit, étant auſſi donné , il eſt poſſible que » cette particule diviſée s'étende ſur tout » cet eſpace, & le couvre; en ſorte qu'il » n'y ait aucun pore , dont le diamétre ſur-» paſſe la plus petite ligne donnée », & Anaxagore avoit dit (a) , que chaque corps , quel qu'il fût , étoit diviſible à l'infini : en ſorte qu'un agent qui ſeroit aſſez ſubtil pour diviſer ſuffiſamment le pied d'un ciron , pourroit en tirer des parties pour couvrir entiérement cent mille

_____

(a) *Ariſtotel. Phyſ. auſcult. Lib.* 3 , *c.* 4. *p.* 343 , *tom.* 1.

millions de cieux (*a*), fans qu'il pût jamais épuifer les parties qui refteroient à divifer ; vu qu'il en refteroit toujours une infinité : & Démocrite en deux mots a exprimé la même propofition , en difant qu'il *étoit poffible de faire un monde avec un atóme* (*b*).

83. Chryfippe donnoit auffi une idée affez bien exprimée de ce fentiment (*c*), lorfqu'il foutenoit qu'une goutte de vin pouvoit être divifée en une affez grande

Et de Chry-
fippe.

(*a*) Fénelon, *Vie des philofophes dans Anaxagore.*

(*b*) Δημόκριτος φησί δυνατὸν εἶναι κοσμικίας ὑπάρχειν ἄτομον. Democritus exiftimat fieri poffe , *ut mundum perficiat atomus.* Stobæus *Eclog. Phyf. L.* 1 , *p.* 33 , *lin.* 9 , *vid. Sgravefande , t.* 1 , *p.* 9.

(*c*) Nihil impedire quominùs *una vini ftilla cum toto permifceatur mari...* & un peu plus haut : *Si gutta unica in mare inciderit , per totum mifcebitur oceanum , ac Atlanticum mare : non fummam attingens fuperficiem , fed ufquequàque per profundum , in longum , latèque diffufa..... Chryfippus verò dicit effe quippiam majus , quod tamen non excedat minorem quantitatem.* Plutarch. *adv. Stoicos , tom.* 2 , *p.* 1078. *E.* 1080. *C. D.*

I iij

quantité de parties, pour que chacune pût être mêlée avec toutes les petites particules d'eau qui sont dans l'océan ; & il disoit aussi, *qu'il n'y avoit point de quantité de quelque grandeur qu'elle fût, qui ne pût être égalée par la plus petite quantité donnée.*

CHAPITRE V.

Du mouvement ; de l'accélération du mouvement ; de la pesanteur ou de la chûte des corps graves.

84. Les anciens définissoient le mouvement comme les modernes, un changement de lieu *(a)*, ou le passage d'un lieu à un autre *(b)* ; ils connoissoient l'accélération de la descente des corps dans leur chûte *(c)* : mais ils n'avoient pas sçu, à la

Définition du mouvement ; & son accélération

(a) Κίνησιν δ' ἔιναι φησὶ ὁ Χρύσιππος μεταβολὴν κατὰ τόπον. Chrysippus motum dicit loci mutationem. *Stob. Eclog. Phys. l. 1, p. 41.*

(b) Ἔστιν ἦν ἄυτη (ἡ κίνησις) κατὰ τὺς δογματικὺς, καθ' ἣν τόπον ἐκ τόπων περιέρχεται τὸ κινόυμενον, ἤτοι καθ' ὁλότητα, ἢ κατὰ μέρος. Est igitur hic, secundùm dogmaticos, per quem de loco in locum transit id, quod movetur, aut totum, aut ejus pars. *Sextus Empiricus in Pyrrhon. Hypotypos. l. 3, c. 8. Sect. 64.*

(c) Πᾶσα ἢ πεπερασμένη μεταβολὴ, οἷον τὸ ὑγιαζόμενον ἐκ νόσου εἰς ὑγίειαν, καὶ τὸ αὐξανόμενον ἐκ μικρότητος εἰς μέγεθος, καὶ τὸ Φερόμενον ἄρχει καὶ γδ τῦτο γίνεται πόθεν ποι. Omnis autem mutatio finita est sanè : Id enim

vérité, en déterminer les loix, quoiqu'ils
ne fuffent cependant pas loin d'en connoître la caufe. C'étoit un axiome d'Ariftote
& des Péripatéticiens, qu'un corps acquéroit d'autant plus de mouvement qu'il s'é-
loignoit davantage du lieu d'où il avoit
commencé de tomber (*d*) ; mais ils igno-

---

quod fanatur, ex morbo it ad fanitatem : *& id,
quod accrefcit, è quantitate parvâ ad magnam ac-
cedit : & id ergo, quod fertur legem eandem fubit :*
Etenim hoc ex loco in locum eundo fit. *Ariftotel.
de cœlo. l. 2, c. 8, p.* 443.

(*d*) Ἀεὶ τὸ πλεῖον πῦρ θᾶττον φέρεται, καὶ ἡ πλείων γῆ
εἰς τὸν αὐτῆς τόπον, οὐδὲ θᾶττον ἂν πρὸς τῷ τέλει ἐφέρετο,
εἰ τῇ βίᾳ, καὶ τῇ ἐκθλίψει. πάντα γὰρ τῦ βιασαμένου
ποῤῥωτέρω γιγνόμενα βραδύτερον φέρεται. Ignis major &
terra etiam major celeriùs femper proprium locum
petit, neque porrò celeriùs prope finem pergeret,
fi vi, exclufioneque moveretur. Omnia namque
quæ ita moventur, quùm longiùs ab eo, quod
vim attulit, diftant, &c. *Lib. de Cælo* 1, *c. 8,
p.* 444. *A. tom.* 1, *& p.* 442 *ad finem.*

*Celeriùs quid movetur quò magis ab eo loco rece-
dit, à quo moveri cœpit. Arifot. Phyfic. aufcult.*
L. 7, *p.* 406, 407. L. 8, *p.* 416. L. 4, *c.* 6. Voyez
fur-tout la derniere note de ce chapitre. Le paffage
du huitième livre de la Phyfique d'Ariftote, ch. 14.

roient que cette augmentation de la vîteſſe des corps dans leur chûte fût uniforme, & que l'accroiſſement des eſpaces parcourus ſe fît ſuivant la progreſſion des nombres impairs, 1, 3, 5, 7, &c.

85. Deux erreurs, dans leſquelles étoit Ariſtote a ce ſujet, s'oppoſoient à ce qu'il pût parvenir à découvrir la vérité : l'une étoit qu'il ſuppoſoit deux appétits différens dans les corps ; un dans les corps peſants, qui les faiſoit tendre au centre de la terre, & un appétit dans les corps légers qui les éloignoit de ce centre (*a*) : l'autre

Erreurs d'Ariſtote à ce ſujet.

---

eſt ainſi : *Quoniam omnia , quò longiùs diſtant ab eo quod quieſcit , eò celeriùs feruntur* , p. 427 ad finem. Vid. *Pererii de rerum naturalium principiis* , Edit. Paris, in-4. 1679 , p. 738 , & ſeq. Simplicius, p. 469 , 470. Idem Simplic. text. 615 , Phyſic. com. 47 , refert obſervationes duas Stratonis Lampſaceni ad corroborandam hanc propoſitionem.

(*a*) Τὸ τῆς γῆς μὲν ὅσῳ ἂν ἐγγυτέρω ᾖ τοῦ μέσου, θᾶττον φέρεσθαι. Τὸ δὲ πῦρ, ὅσῳ ἂν τὰ ἄνω. εἰ δ' ἄπειρος ἦν, ἄπειρος ἂν ἦν καὶ ἡ ταχυτὴς, καὶ τὸ βάρος, καὶ ἡ κουφότης. ὡς γὰρ τῷ κατωτέρῳ ταχυτῆτι ἑτέρου, τῷ βάρει ἂν ἦν ταχὺ. οὕτως εἰ ἄπειρος ἦν ἡ τούτου ἐπίδοσις, καὶ ἡ τῆς ταχυτῆτος ἐπίδοσις ἄπειρος ἂν ἦν.

erréur étoit de penſer que les différens corps tomboient dans le même milieu avec une vîteſſe proportionnelle à leurs maſ-fes (*b*) ; au lieu que la réſiſtance des mi-lieux eſt la ſeule raiſon de cette différen-ce (*c*) ; de ſorte que , ſuppoſant qu'ils tombaſſent dans un milieu , qui n'oppo-ſeroit point de réſiſtance , dans le vuide ,

---

Terra namque , & ignis quò propinquiora ſunt locis ſuis , illa quidem medio , ignis verò ſupero loco , eò celeriùs porrò feruntur. Quod ſi infinitus eſſet ſuperus locus , infinita nimirùm , & celeritas eſſet : & ſi celeritas infinita eſſet , & gravitas etiam , & levitas infinita eſſet. Nam ut id , quod inferiùs pergeret , celeritate differens , gravitate celere eſt : ſic ſi infinita eſſet hujus accretio , & incrementum ſanè celeritatis infinitum etiam eſſet. *Ariſtotel. de cœlo, l.* 1 *, c.* 8 *, p.* 443 *, & l* 4 *, c.* 1. Vid. *Lib* 2 *, de cœlo, c.* 6 *, p.* 458. D. E.

(*b*) Τὸ γὰρ τάχος ἕξει τὸ τῦ ἐλάττονος , πρός τὸ τῦ μείζονος , ὡς τὸ μεῖζον σῶμα πρός τὸ ἔλαττον. Celeritas enim minoris ad celeritatem majoris ita ſeſe ha-bebit , ut majus corpus ſe habet ad minus. *Ariſtot. de cœlo, lib.* 3 *, c.* 2 *, p.* 476.

(*c*) Tolta la reſiſtenza del mezzo, tutti i mobili ſi moverebbero con i medeſimi gradi di velocità. *Galileus Dialog.* 1 *. p.* 74.

par exemple , les corps les plus légers tomberoient alors avec la même vîteſſe que les plus peſans , comme on l'a obſervé depuis le ſiécle dernier avec le ſecours de la machine pneumatique , dans laquelle le papier , la plume & l'or tombent avec une vîteſſe égale.

86. Mais ſi Ariſtote ignoroit que la réſiſtance des milieux, dans leſquels les corps tombent , étoit la cauſe de la différence qui ſe trouve dans le temps de leur chûte ; s'il ignoroit que , dans le vuide , les corps les plus inégaux en peſanteur , comme le duvet & l'or , devoient tomber avec une égale vîteſſe ; tous les anciens ne l'ont pas ignoré. Lucrèce , inſtruit dans les principes de Démocrite & d'Epicure, avoit connu cette vérité , & l'avoit ſoutenue par des argumens qui feroient honneur au phyſicien le plus expérimenté de nos jours. » Il » croyoit que n'y ayant rien dans le vui- » de (a) , qui pût retarder le mouvement

Raiſon de la différence de la chûte des corps, connue des anciens.

______

(a) Quod ſi fortè aliquis credit graviora poteſſe
    Corpora ; quo citiùs rectum per inane feruntur,
    Incidere è ſupero levioribus , atque ita plagas

» des corps, il étoit néceſſaire que les plus
» légers tombaſſent dans une vîteſſe égale
» avec les plus peſans ; que là où il n'y a
» point de réſiſtance, les corps doivent ſe
» mouvoir toujours en temps égaux ; que
» la choſe ſeroit différente dans des mi-
» lieux qui oppoſeroient une différente ré-
» ſiſtance aux corps dans leur chûte ; il
» allégué là-deſſus les raiſons mêmes tirées

Gignere, quæ poſſint genitaies reddere motus ;
Avius à verâ longè ratione recedit.
Nam per aquas quæcumque cadunt, atque aëra
deorsùm,
Hæc pro ponderibus caſus celerare neceſſe eſt ;
Proptereà quia corpus aquæ, naturaque tenuis
Aëris haud poſſunt æquè rem quamque morari,
Sed citiùs cedunt gravioribus exuperata.
At contrà nulli de nullâ parte, neque ullo
Tempore inane poteſt vacuum ſubſiſtere rei,
Quin, ſua quòd natura petit, concedere pergat.
Omnia quapropter debent per inane quietum,
Atque ponderibus non æquis concita ferri.
Haud igitur poterunt levioribus incidere un-
quam
Ex ſupero graviora ; neque iĉtus gignere per ſe,
Qui varient motus, per quos natura gerat res.
Lucretius, Lib. 2, v. 225 & ſeq.

» des expériences qui ont porté Galilée à
» fonder sa théorie ; il dit que la différence
» des vîtesses doit être plus grande dans les
» milieux qui opposent une plus grande
» résistance ; & que l'air & l'eau résistant
» différemment aux corps , font la cause
» qu'ils tombent dans ces milieux avec une
» vîtesse différente «.

87. On a vu que les anciens connoissoient l'accélération du mouvement dans
les corps, & la raison de la différence de
leur chûte ; on voit encore qu'ils connoissoient la cause du mouvement accéléré,
& que parmi les différentes opinions agi-
tées sur cette question , celle d'Aristote
n'est peut-être pas la moins probable. Ce
philosophe croyoit en effet que le premier
effort de mouvement , imprimé à un corps,
agissoit à chaque instant sur lui, & au-
gmentoit à chaque instant sa vîtesse ; de
sorte que les différens degrés de vîtesse que
ce corps acquéroit dans chaque moment
de sa chûte , étoient la cause de l'accélération continuelle de son mouvement (a).

Cause du
mouvement
accéléré
dans Aristo-
te ;

____

(a) Ἀεὶ γὰρ ἅμα κινεῖ καὶ κεκίνηκεν. Semper enim

Il difoit qu'il y avoit une force qui agiffoit fur les corps pefans & les déterminoit à defcendre (a) ; & cette force, felon lui, étoit la gravité naturelle qui les porte vers le centre de la terre ; & il fuppofoit qu'à cette

---

fimul movet & movit. *Arift. Phyf. Lib.* 7 , cap. 6, p. 406. C.

(a) Ἐπεὶ ἢ τό τε βάρος ἔχει τινὰ ἰσχὺν, καθ' ἣν φέρεται κάτω, καὶ τὰ συνεχῆ πρὸς τὸ μὴ διασπᾶσθαι, ταῦτα δεῖ πρός ἄλληλα συμβάλλειν. ἐὰν γὰρ ὑπερβάλλῃ ἡ ἰσχὺς ἡ τοῦ βάρους τῆς ἐν τῷ συνεχεῖ, πρός τὴν διάσπασιν, καὶ τὴν διαίρεσιν, βιάσεται κάτω θᾶττον.

Cum autem & pondus aliquas habeat vires, quibus deorsùm fertur, & continua fimili modo, ut non difrumpantur, hæc inter fefe conferre oportet. Si vires enim ponderis, eas vires, quæ in continuo funt ad difruptionem, divifionemque, exfuperent, *vim inferet ipfum grave, celeriùfque deorsùm feretur.* Ariftot. de cœlo, lib. 4, ad finem, p. 493. Et de cœlo, lib. 3 , c. 2 , p. 476 , ad finem capit. „ Cette idée d'Ariftote eft fur-tout clairement ex-„ pliquée dans la Section vingtième de fes *Quæftiones Mechanicæ*, p. 1192 , 1193, en ces termes : *Ipfum grave ipfa fui motione vim acquirit, & quò plùs movetur, eò plùs gravitatis affumit.* Τὸ βαρὺ τὴν τοῦ βάρους κίνησιν λαμβάνει μᾶλλον κινούμενον ἢ ἠρεμοῦν, &c. comme a dit un poëte de la renommée :

Mobilitate viget , virefque acquirit eundo.

Virg. Æneid. L. 4 , vers. 175.

premiere caufe fe joignoient pendant la chûte d'un corps de nouveaux efforts de la même caufe *qui lui imprimoient de nouvelles forces à chaque inflant différent, & accéléroient ainfi fa defcente.*

88. C'étoit-là fans doute le fentiment d'Ariftote, qui a été interprété de la maniere que je viens de l'expofer par le plus habile de fes commentateurs (*a*), & par tous ceux qui ont examiné avec attention les principes de ce philofophe (*b*) ; entre

Expliquée par Averroës, & dans Scot.

(*a*) Velocitas propria unicuique motui fequitur exceffum motoris fuper potentiam moti. *Averroës Comment. in Phyficos lib. 7, text. 35, p. 152.* Velocitas motûs eft *ex potentiâ motoris, & ex augmento fuper potentiam moti.* Idem in cœlum, *l. 3, text. 17, p. 91.* Vid. *Averrois opera Edit. Venet., apud Juntas, Ann. 1552.* Vide imprimis *Ariftotel. Phyf. l. 7, c. 6, p. 406. C.* Cum autem id quod movet, aliquid femper moveat, & in aliquo, ut ufque ad aliquid : dico autem in aliquo, quia in tempore movet ; ufque ad aliquid verò, quia per quantam aliquam longitudinem : *femper enim fimul movet & movit :* quapropter erit quantum quiddam, quod motum eft & in quanto, *& feq.* Voyez auffi les notes a & *b*, Sect. 85 de cet Ouvrage.

(*b*) *Joannis Dunfii Scoti, opera in-xij, tom. infol. Lugduni* 1639.

autres Jean Duns, dit Scot, qui vivoit au treiziéme siécle, & son interpréte le P. Ferrari (c).

(c) Communis demùm Peripateticorum opinio, quam nos amplectimur, accelerationis illius causam in impetu acquisito constituit : quia per motum efficitur in gravi major semper, ac major impetus usque ad terminum accelerationis : qui impetus gravitatem auget, ac motum proindè magis accelerat. *Veteris, & recentioris Philosophiæ dogmata Joannis Dunsii Scoti doctrinis accommodata, studio Antonii Ferrari, Venetiis* 1757, 3 *vol. in*·12.

» Il y a plusieurs passages dans Simplicius, qui
» donnent clairement ce sens que l'on attribue à un
» Péripatéticien, entre autres sont les suivans.

Ἔτι δ φησι (Ἀλέξανδρος), καὶ ἐν τῇ βαρύτητι κατὰ φύσιν ἐστιν εἶναι κάτω.. .. εὔλογον προσθήκην τινὰ κατὰ τὸ βάρος λαμβάνειν...... Si gravitati secundùm naturam est esse deorsùm.... rationabile est, *ea* (*sc. corpora*) *appositionem aliquam, & additionem secundùm gravitatem accipere.* Simplicius de cœlo, *Lib.* 1, *comm.* 86, *col.* 2. *Idem, p.* 62. *Edit. Aldi.*

Ταχύτερον φέρεται ἐπὶ τὸ κάτω...... δῆλον ὅτι διὰ προσθήκην βάρους ταχύτερον φέρεται. *Idem* p. 62.

Et Paulo post, p. 92, *col.* 1. Citiùs feruntur corpora deorsùm....... *propter appositionem gravitatis.* *Vide* quoque Alexandrum Aphrodisæum in Quæst. Natural.

CHAP. VI.

CHAPITRE VI.

Pesanteur universelle , force centri-
pète & centrifuge.

Loix des mouvemens des Planètes , suivant
leur distance du centre commun.

89. C'est ici où les Modernes se flat-
tent d'avoir un avantage marqué, s'ima-
ginant avoir les premiers découvert le
principe de la gravitation universelle,
qu'ils regardent comme une vérité qui
avoit été inconnue aux Anciens. Il est cependant aisé de faire voir qu'ils n'ont fait
que suivre les traces de ces anciens philosophes, en partant du même principe , &
guidés par les mêmes raisonnemens. Il est
vrai que les modernes ont démontré clairement les loix de cette gravitation universelle, & qu'ils les ont expliquées avec
cette clarté & cette précision qui caractérise
le génie de ce siècle & du siècle passé ; mais
aussi c'est tout ce qu'ils ont fait à cet égard,
sans y avoir rien ajouté.

Gravitation universelle.

Part. I. K

Pesanteur &
mouvement
de projec-
tion combi-
nés dans le
cours des af-
tres.

90. Avec la moindre attention aux connoiſſances des Anciens, on trouve qu'ils n'ignoroient pas la gravitation univerſelle, & qu'ils ſçavoient de plus que le mouvement curviligne, ſuivant lequel les aſtres décrivent leurs cours, eſt le réſultat de la combinaiſon des deux forces des mouvemens auxquels ils ſont en proie; du mouvement rectiligne, & de celui de la ligne perpendiculaire, dont l'effet combiné doit les obliger à parcourir une ligne courbe.

Ces deux
forces ont
été connues
des Anciens,

91. Ils ont connu les raiſons de ces deux mouvemens, ou de ces deux forces contraires, qui retiennent les planetes dans leurs orbes; & ils s'étoient expliqués là-deſſus comme ont fait après eux les Modernes, à l'exception ſeulement des termes de *centripète* & de *centrifuge*, dont ils avoient cependant donné tout l'équivalent.

ainſi que la
loi du quarré
des diſtan-
ces.

92. Ils connoiſſoient auſſi l'inégalité du cours des planètes, ils l'attribuoient à la variété de leur peſanteur réciproque, & à leurs diſtances proportionnelles entr'elles; ou, ce qui eſt la même choſe, & afin de l'exprimer dans les termes conſacrés par

les philosophes modernes , ils connoif-
foient la *loi de la raifon inverfe du quarré
de la diftance au centre de révolution.*

93. Je n'infifterai pas beaucoup fur le
fyftême d'Empédocles dans lequel on a cru
entrevoir le fond du fyftême Newtonien ;
on prétend (*a*) que fous le nom d'amour
il a voulu défigner une loi, une force qui
portoit les parties de la matiere à s'unir
entr'elles , & à laquelle il ne manque que
le nom d'attraction ; on veut auffi que
par le nom de difcorde il ait prétendu défigner une autre force , qui contraignoit
ces mêmes parties à s'éloigner les unes des
autres , & que M. Newton appelle une
force d'écartement. Je veux bien croire
que l'on puiffe réduire le fyftême de Newton à ces deux principes , mais comme ils
paroiffent expofés d'une maniere trop va-
gue & trop générale , & que nous ne man-
quons pas de témoignages plus précis &
plus authentiques pour appuyer le fujet en

Syftême
d'Empédo-
cles.

(*a*) *M. Fréret de l'Académie des Infcriptions &
Belles-Lettres , Mém. de l'Acad. vol.* 18 , *p.* 101.

queſtion ; je laiſſe Empédocles, pour m'arrêter ſur les paſſages qui mériteront davantage notre attention.

**Les Pytha-
goriciens &
les Platoni-
ciens ont
connu les
deux forces
deprojection
& de peſan-
teur.**

94. Les Pythagoriciens & les Platoni-
ciens traitant de la création du monde,
ont ſenti la néceſſité d'admettre l'effet des
deux forces de projection & de peſanteur,
afin de pouvoir rendre raiſon des révolutions des planètes. Timée de Locres (*a*),
parlant de l'ame du monde, qui met toute
la Nature en mouvement, dit que Dieu
l'avoit douée de deux forces, leſquelles étoient

(*a*) Ὧι ποτίμιξε δύο δυνάμιας, ἀρχὰς κινασίαν, τᾶς τε
ταὐτῶ, καὶ τᾶς τῶ ἑτέρας. λόγοι δ' οἵδε πάντες ἐντὶ κατ
ἀριθμώς ἁρμονικὼς συγκεκραμμέναι· ὡς λόγοις κατὰ μοί-
ρας διαιράκει ποτί ἐπιστάμαν, ὡς μὴ ἀγνοεῖν ἐξ ὧν ἁ ψυχὰ
κ̀ δι' ὧν συνέστακε.

Cui (Natura ſcilicet) *duas potentias immiſcuit,
motuum principia, ejuſdem videlicet, & alterius.
Hæ autem omnes rationes ſunt contemperatæ ad numeros harmonicos :* quas & ipſe rationes opifex con-
gruenter diſtinxit, certis ſcientiæ auſpiciis : ut
quidem minimè incognitum eſſe poſſit, ex quibus
hæc mundi anima ſit conſtituta. *Timæus Locrenſis,
Plato, Edit. Steph. p. 95, 96.*

combinées suivant certaines proportions numériques.

95. Platon, qui a suivi Timée dans sa philosophie naturelle, dit clairement que Dieu avoit imprimé aux astres (*a*) *le mouvement qui leur étoit le plus propre* ; ce qui ne peut être que le mouvement rectiligne qui le fait tendre vers le centre de l'univers ou la pesanteur ; & qu'ensuite, par une impulsion latérale, ce mouvement avoit été changé en circulaire : & Diogène de Laërce faisant vraisemblablement allusion à ce passage de Platon, dit qu'au commencement les corps de cet univers étoient agités tumultueusement, & d'un

Platon a enseigné clairement cette doctrine.

(*a*) Κίνησιν γὰρ ἀπένειμεν αὐτῷ, τὴν τῦ σώματος οἰκείαν.. (& paulò post). Διὸ δὴ κατὰ ταῦτὰ ἐν τῷ αὐτῷ, κ᾽ ἐν αὐτῷ περιαγαγὼν αὐτὸ ἐποίησε κύκλῳ κινεῖσθαι στρεφόμενον.

Motum enim dedit cœlo, eum qui corpori sit aptissimus (i. e. directum.) .... *Itaque unâ conversione, atque eâdem, ipse circum se torquetur, & vertitur. Platonis Timæus, p.* 34. A.

Cœloque solivago, & volubili, & in orbem in citato complexus est, p. 34. Voy. aussi page 36.

K iij

mouvement défordonné, mais que *Dieu régla leur cours enfuite par des loix naturelles & proportionnelles* (a).

Expreffion remarquable d'Anaxagore.

96. Anaxagore, cité par Diogène de Laërce (b), étant interrogé fur la raifon qui retenoit les corps céleftes dans leur orbite malgré leur pefanteur, répondit que *la rapidité de leur cours les confervoit en cet état, & que fi ce mouvement violent venoit à fe relâcher,* l'équilibre étant rompu, toute la machine du monde viendroit à fe bouleverfer.

Gravitation univerfelle, forces centripète & centrifuge connues de Plutarque.

97. Plutarque, qui a connu prefque toutes les vérités brillantes de l'aftronomie, a auffi entrevu la force réciproque qui fait

---

(a) Porrò ifta quidem primo tumultuario, & inordinato motu agitari : at poftquàm mundum conftituere cœperunt *ex rationibus infitis, debitum ordinem, & modum à Deo accepiffe.* Diog. Laërt. *Lib.* 3 , *Sect.* 76 , 77.

(b) Τῇ σφοδρᾷ ἢ περιδινήσει ἐπικρατεῖσθαι, ἢ ἀνετέρω κατίσχεσθαι. Silenus in primo hiftoriarum auctor eft, Anaxagoram dixiffe, *cœlum omne vehementi circuitu conftare, aliàs remiffione lapfurum.* Diog. Laërt. in Anaxag. *Lib.* 2 , *Sect.* 12.

graviter les planètes les unes sur les autres;
» & après avoir entrepris d'expliquer la
» raison de la tendance des corps terrestres
» vers la terre, il en cherche l'origine dans
» une attraction réciproque entre tous les corps,
» qui est cause que la terre fait graviter vers
» elle les corps terrestres, de même que le soleil
» & la lune font graviter vers leurs corps tou-
» tes les parties qui leur appartiennent; &,
» par une force attractive, les retiennent dans
» leur sphere particuliere (a)«: il applique en-

(a) Καὶ γὰρ γε εἰ πᾶν σῶμα ῥέπον εἰς τὸ αὑτοῦ μέσον, καὶ πρὸς τὸ αὑτοῦ μέσον ἀπερείδει πᾶσι τοῖς μορίοις, οὐχ ὡς μέσον ὂν τοῦ παντὸς ἡ γῆ μᾶλλον, ἢ ὡς ὅλον, οἰκειώσεται τὰ μέρη αὐτῆς ὄντα τὰ βάρη· καὶ τεκμήριον ..... ἔσται τῶν βαρῶν, ὃ οὐ τὴν μεσότητα πρὸς τὸν κόσμον, ἀλλὰ πρὸς τὴν γῆν κοινωνίαν πρὸς καὶ συμφυΐας τῶν ἀπεσπασμένων αὐτῆς, καὶ πάλιν καταφερομένοις. ὡς γὰρ ὁ ἥλιος εἰς ἑαυτὸν ἐπιστρέφει τὰ μέρη ἐξ ὧν συνέστηκε, καὶ ἡ γῆ τὸν λίθον ὥσπερ ..... προσήκοντα δέχεται, καὶ φέρει πρὸς ἑαυτόν.

At enim, si omne corpus grave eòdem fertur, &
ad centrum suum *omnibus partibus vergit*, *terra* non
ut centrum universi potiùs, *quàm totum, sibi omnia*
gravia, ut suas partes, vindicabit. Argumentum... erit
vergentium, quibus non medium mundi est causa
suorum momentorum, sed cognatio cum terrâ, à

suite ces phénomènes particuliers à d'autres plus généraux ; *& de ce qui arrive sur
notre globe, il déduit, en posant le même
principe, tout ce qui doit arriver dans les
autres corps célestes respectivement à chacun
en particulier*, & les considère ensuite
dans le rapport qu'ils doivent avoir suivant ce principe les uns relativement aux
autres (*a*). Il éclaircit ce rapport général
*par l'exemple de ce qui arrive à notre lune dans
sa révolution autour de la terre, & il la com-*

---

*quâ vi repulsa, rursum ad eam se conferunt. Si-
cut enim sol omnes partes, ex quibus constat, ad se
convertit : & lapidem terra, ut sibi convenientem
accipit.... & fert ad eum.* Plutarch. *de facie in orbe
lunæ*, pag. 924. D. E. »On attribue un prin-
»cipe semblable aux mages Persans & aux Chal-
»déens ; συμπαθῆ εἶναι ἄνω τῆς κάτω. Psell. *Declaratio
Dogmatic. Chaldaic.*

(*a*) Ἡ τε πρὸς τὴν γῆν τῶν ἐνταῦθα συναλφέσεις, καὶ σύστασις
ὑφηγεῖται τὸν τρόπον, ᾧ μένειν τὰ ἐκεῖ νυκτισόντα πρὸς
σελήνην, εἰκός ἐστιν. *Eorum, quæ hic sunt, compara-
tio, & constitutio, respectu terræ, ducit nos ad intelligentiam modi, quo ea, quæ ad lunam isthìc
accidunt, permanere sit probabile.* Plutarch. *de facie
in orbe lunæ*, p. 924. F. »Voy. Pemberton *Intro-
»duct. à la Philosophie de Newton*, p. 20 & 21.

pare à une pierre dans une fronde, *laquelle
éprouve deux forces à la fois ;* la force du
mouvement de projection qui la porteroit
à s'éloigner, si elle n'étoit retenue par le
bras qui agite la fronde, & qui est la force
centrale, laquelle combinée avec la force
de projection, lui fait parcourir un cercle (*a*) : il parle encore, dans un autre
endroit, *de cette force inhérente dans la terre,
& dans les autres planètes, pour attirer vers
elles tous les corps qui leur sont subordon-
né s(b) ;* de sorte qu'il est impossible de ne

(*a*) Καὶ τοῖ τῇ μὲν Σελήνης βοηθείᾳ πρὸς τὸ μὴ πισεῖν ἡ κίνησις αὐτὴ, καὶ τὸ ῥιζῶδες τῆς περιαγωγῆς, ὥσπερ ὅσα ταῖς σφενδόναις ἐντεθέντα τῆς καταφορᾶς κώλυσιν ἴσχει τὴν κύκλῳ περιδίνησιν. *Atqui luna auxilio est, ne cadat motus, & ejus impetus : quomodò quæ funáis impofita in orbem rotata delabi non finuntur.* Plutarch. de facie in orbe lunæ, p. 923, C.

(*b*) Εἰ γὰρ ὁποσονοῦν, καὶ ὅ τι ἂν ἐκτὸς γόνηται τοῦ κέν-
τρου τῆς γῆς, ἄνω ἐστιν, οὐδέν ἐστι τοῦ κόσμου κάτω μέρος·
ἀλλ' ἄνω καὶ ἡ γῆ, καὶ τὰ ἐπὶ γῆς, καὶ πᾶν ἁπλῶς σῶμα
τὸ κέντρῳ περιεστηκὸς, ἢ ἐξ ἐκκείμενον, ἄνω γίνεται, κάτω δὲ
μόνον ὄν ἕν, τὸ ἀσώματον σημεῖον ἐκεῖνο, ὃ πρὸς πᾶσαν ἀντι-
κεῖσθαι τὴν τοῦ κόσμου φύσιν ἀναγκαῖον. εἴγε δὴ τὸ κάτω
πρὸς τὸ ἄνω κατὰ φύσιν ἀντίκειται. Καὶ ἐ τούτου μέσον τὸ

pas reconnoître dans tous les passages que nous venons de citer sur ce sujet une force centripéte qui fait tendre les planêtes vers leur centre commun, & une force centrifuge qui les en éloigne & les retient dans leur orbite.

Et de Lucrèce.

98. Nous venons donc de voir que les

ἄτοπον, ἀλλὰ καὶ τὴν αἰτίαν ἀπόλλυσι τὰ βαρέα, δι' ἣν δεῦρο καταρρέπει καὶ φέρεται· σῶμα μὲν γὰρ οὐδέν ἐστι πάλαι, πρός ὃ κινεῖται· τί δὲ ἀσώματον, οὔτε εἰκός, οὔτε βούλον-ται τοιαύτην ἔχει δύναμιν ὥστε πάντα κατατείνειν ἐφ' ἑαυτὸ καὶ περὶ αὑτὸ συνέχειν.

Si enim quidquid quocumque modo extra centrum terræ est, dici oportet, suprà esse, nulla pars mundi infrà erit : sed suprà fuerit & terra, & omnia, quæ ei incumbunt, & simpliciter quodvis corpus cenero circumpositum : infra autem unicum illud corporis expers punctum, atque hoc necesse erit omni mundi naturæ opponi : quandò superûm naturæ ratione invicem opponuntur. Neque hoc dumtaxat est in hâc re absurdum : sed causam quoque gravia perdunt, ob quam deorsùm vergant, atque ferantur, cùm nullum sit infrà corpus, ad quod moveantur. Nam *quod corporeum non est, id neque probabile est, neque ipsi volunt, tantâ esse vi præditum, ut omnia ad se trahat, & circa se contineat.* Plutarch. *de facie in orbe lunæ*, p. 926. A.

Anciens ont attribué aux corps céleftes une
pefanteur vers un centre commun de leur
mouvement , & une gravité réciproque
entr'elles. Lucrèce avoit bien compris cette
vérité , quoiqu'il en tirât la conféquence
hardie qu'il n'y avoit point de centre commun dans l'univers , mais que l'efpace infini étoit rempli d'une infinité de mondes
femblables au nôtre ; car , difoit-il , fi les
corps céleftes étoient portés vers un centre
commun , & n'étoient pas retenus par une
autre puiffance agiffante extérieurement
fur eux , en vertu de la même force attractive , il y auroit long-temps qu'ils fe feroient rapprochés & fe feroient réunis à
leur centre de gravité commun , comme
tombant vers le lieu le plus bas , & n'au-
roient alors formé qu'une maffe infinie &
inactive (a).

(a) Prætereà fpatium fummaï totius omne
    Undique fi inclufum certis confifteret oris ,
    Finitumque foret , jam copia materiaï
    Undique ponderibus folidis confluxit ad imum ,
    Nec foret omninò cœlum , neque lumina folis ;

Attraction proportion-
née à la maf-
fe des corps.

99. Il paroît encore que les Anciens fça-
voient auffi bien que les Modernes que
cette gravitation n'avoit point fa caufe
dans une force qu'ils s'imaginaffent réfider
dans le centre de la terre , vers laquelle
tendoient tous les corps ; leurs idées là-
deffus étoient plus philofophiques ; & l'on
voit aifément par les paffages que je viens
de rapporter aux notes (*a*) pag. 1 3 0 , 1 3 1 ,
que cette force étoit diffufe dans toute la ma-
tiere du globe terreftre , & compofée de forces
de toutes les différentes parties de la matiere
de notre globe.

Loi de la raifon inver-
fe du quarré des diftances connue des Anciens.

100. Il me refte à examiner une autre
queftion importante ; fçavoir fi les Anciens
ont connu quelles étoient les loix fuivant
lefquelles la force de la gravitation agiffoit
fur les corps céleftes , & s'ils croyoient
qu'elles fuffent en raifon de leur maffe , &
fuivant la proportion de leurs diftances. Il

Quippé ubi materies omnis cumulata jaceret
Ex infinito jam tempore fubfidendo.

Lucr. Lib. 1 , *v.* 983.

» Démocrite penfoit la même chofe felon Ariftote
de Generat. Lib. 1 , *c.* 8.

eſt certain que les Anciens n'ignoroient pas que le cours des aſtres ſe faiſoit ſuivant des proportions conſtantes & inaltérables, & qu'ils avoient différentes opinions ſur la nature de ces proportions (*a*). Les uns les cherchoient dans la différente maſſe de la matiere dont ils étoient compoſés, & d'autres dans leurs différens intervalles ; Lucrèce, après Démocrite & Ariſtote, penſoit que *la gravité des corps étoit proportionnelle à la quantité de matiere dont ces corps étoient compoſés* (*b*) ; & de très-habi-

------

(*a*) Καί τοι τινὲς μὲν ἐν ταῖς τάχεσι τῶν πλανωμένων σφαιρῶν, τινὲς δὲ μᾶλλον ἐν ταῖς ἀποστήμασιν, ἔνιοι δὲ, ἐν ταῖς μεγέθεσι τῶν ἀσέρων, οἱ δὲ ἄγαν ἀκριβοῦν δοκοῦντες, ἐν ταῖς τῶν ἐπικύκλων διαμέτροις ζητοῦσι τὰς εἰρημένας ἀναλογίας.

Et verò nonnulli in celeritatibus errantium globorum, *alii in intervallis potiùs, quidam in magnitudinibus ſtellarum*, aliqui ſubtiliſſimam ſibi rationem ſecuti qui videntur, in epicyclorum diametris proportiones iſtas quærunt. *Plutarch. de anima procreatione*, p. 1028. A. B.

Voyez Montucla, *Hiſt. de Mathem. t.* 1, *p.* 270.

(*b*) Montucla, *Hiſt. des Mathémat. t.* 1, *p.* 143 dit : Nous ſçavons que Démocrite diſoit, que les

les Newtoniens, qui devoient être les plus intéressés à conserver à leur maître la gloire d'avoir découvert le premier les vérités qui font le principal ornement de fon fyftême, ont été les premiers à indiquer la fource où elles paroiffoient avoir été puifees. Il eft vrai qu'il a fallu toute la pénétration & la fagacité de fçavans tels que Newton, Grégori & Maclaurin, pour appercevoir & découvrir la loi inverfe du quarré des diftances (que Pythagore avoit enfeignée) dans le peu de fragmens qui nous ont été tranfmis de fa doctrine; mais il n'en eft pas moins vrai qu'elle s'y trouve, puifque les Newtoniens mêmes en con-

---

atômes pefoient les uns plus que les autres à proportion de leur maffe, & il cite Ariftote *de Gener. anim. l. 1, c. 8 : il doit y avoir une erreur dans cette citation.*

» M. Montucla aura voulu parler de l'ouvrage » d'Ariftote *de generatione, & corruptione*, dans » lequel on trouve ce paffage. Καὶ τοι βαρύτερόν γε κατὰ τὴν ὑπεροχὴν φησὶν εἶναι Δημόκριτος ἕκαστον τῶν ἀδιαιρέτων. Democritus atomorum quodque per exceffionem gravius effe afferit. *Lib.* 2, *c.* 8, *p.* 510. *tom.* 1. B.

viennent, & font les premiers à s'appuyer de l'autorité de Pythagore pour donner du poids à leur fyftême.

101. Plutarque eft, de tous les philofophes qui ont parlé de Pythagore, celui qui étoit le plus en état de faifir les idées de ce grand homme ; auffi les a-t-il expliquées (*a*) mieux que perfonne. Pline, Macrobe & Cenforinus (*b*), ont auffi parlé de l'harmonie que Pythagore avoit obfervé régner dans le cours des planètes ; Plutarque lui fait dire qu'il eft vraifemblable que les corps des aftres, les diftances, les in-

Expliquée dans Plutarque, Pline, Macrobe & Cenforinus.

(*a*) » Les paffages de Plutarque, de Pline, Ma-
» crobe & Cenforinus dans lefquels cette vérité fe
» trouve enveloppée, font trop longs, trop diffus &
» embarraffés pour pouvoir être rapportés en note ;
» c'eft pourquoi je me fuis contenté de les citer
» exactement un peu plus bas, & de rapporter la
» manière dont les Newtoniens eux-mêmes les ont
» entendus.

(*b*) *Macrob. in fomnium Scipionis , Lib.* 2, *c.* 1 ; *& Lib.* 1 , *c.* 19.

Cenforinus de die natali , cap. 10 ,11 *& 13.*

Plin. Lib. 2, *c.* 22. *Voyez tom.* 2 *de cet Ouvr. la troifième Part. , ch.* 9. *Sect.* 235.

tervalles des sphères , les vîtesses de leur cours & de leurs révolutions sont proportionnelles entr'elles , & par rapport au total de l'univers (*b*). Et Grégori a été porté à convenir qu'il étoit évident à un esprit attentif que ce grand homme avoit entendu que la gravitation des planètes vers le so-

(*b*) Ὥσπερ οὖν ὁ τοῖς ἐπιτρίτοις, καὶ ἡμιολίοις, καὶ διπλασίοις λόγοις ζητῶν ἐν τῷ ζυγῷ τ λύρας, κ τῇ χελόνη, καὶ τοῖς κολλάβοις, γελοῖος ἐσὶ (δεῖ μὲν γὰρ ἀμέλει καὶ ταῦτα συμμέτρως γεγονέναι πρὸς ἄλληλα μήκεσι, καὶ παχεσι, τὴν δὲ ἁρμονίαν ἐκείνην ἐπὶ τῶν φθόγγων θεωρεῖν) οὕτως εἰκὸς μέν ἐσι καὶ τὰ σώματα τῶν ἀστέρων, καὶ τὰ διαστήματα τῶν κύκλων, καὶ τὰ τάχη τῶν περιφορῶν, ὥσπερ ὄργανα ἐν τεταγμένοις ἔχειν ἐμμέτρως πρός ἄλληλα καὶ πρός τὸ ὅλον. Sicut igitur, qui proportiones fefqui-tertias, fefquiplas, atque duplas quærat in jugo lyræ, teftudine, & clavis, ridiculus fit : (nam quin & hæc debeant inter fe longitudinem, & craf-fitiem habere proportione aptam, dubium non eft: cùm interim harmonia in fidium fit confideranda fonis) *ita probabile eft etiam corpora ftellarum, intervalla circulorum, converfionum celeritates, tanquam inftrumenta recto ordine difpofita, fuam habere cùm inter fe, tùm ad totam compagem univerfi proportionem.* Plutarchus *de anima procreatione,* pag. 1030. C.

leil

leil étoit en raifon réciproque de leurs diftances de cet aftre ; & cet illuftre Moderne,
fuivi de Maclaurin, fait parler ainfi l'ancien philofophe.

102. » Une corde de mufique, dit Py-
» thagore, donne les mêmes fons qu'une
» autre corde, dont la longueur eft double,
» lorfque la tenfion ou la force avec la-
» quelle la derniere eft tendue, eft qua-
» druple ; *& la gravité d'une planète eft*
» *quadruple de la gravité d'une autre, qui eft*
» *à une diftance double.* En général, pour
» qu'une corde de mufique puiffe devenir
» à l'uniffon d'une corde plus courte de
» même efpéce, fa tenfion doit être au-
» gmentée dans la même proportion que
» le quarré de fa longueur eft plus grand ;
» *& afin que la gravité d'une planète devienne*
» *égale à celle d'une autre planète plus proche*
» *du foleil, elle doit être augmentée à propor-*
» *tion que le quarré de fa diftance au foleil eft*
» *plus grand.* Si donc nous fuppofons des
» cordes de mufique *tendues du foleil à cha-*
» *que planète,* pour que ces cordes devinf-
» fent à l'uniffon, *il faudroit augmenter ou*

Sentiment de Pythagore, fuivant Grégori & Maclaurin.

I. *Partie.*   L

» *diminuer leur tenſion , dans les mêmes pro-*
» *portions qui ſeroient néceſſaires pour rendre*
» *les gravités des planètes égales.* C'eſt de la
» ſimilitude de ces rapports que Pythagore
» a tiré ſa doctrine de l'harmonie des ſphè-
» res « (*a*).

Juſtice ren-
due à Platon
par Galilée.

103. Je ne dois pas oublier, avant que de
finir ce chapitre , de rapporter un paſſage
de Galilée , par lequel il reconnoît devoir
à Platon ſa premiere idée ſur la maniere de
déterminer comment les différens degrés
de vîteſſe ont dû produire les mouvemens

(*a*) *Gregorii , Aſtronomiæ Elementa ;* & Maclaurin , *Syſtémes des Philoſophes dans un diſcours pré-
liminaire à la philoſophie de Newton , p.* 32.

Plutarch. de anima procreatione , t. 2 , *p.* 1017
& *ſeq. Vide & Macrobium in ſomnium Scipionis ,
l.* 2 , *c.* 1... *Plin. Hiſt. Nat. l.* 2 , *c.* 22... *Plutarch.
de facie in orbe lunæ , p.* 924. *D. E , &* 923 *, lin.* 32
*de vi centrifugâ... Corſin. in Plutarch. de Placitis
Philoſoph. Diſſert.* 2 , *p.* 47 , 50 & 51... *Et tandem
Plutarch. tom.* 2 , *p.* 1028. *A. B.* 1029 *B. C. De
anima procreatione. Et verò , &c.* toute la page , &
ſur-tout *pag.* 1030. *B. Priſc. porrò Theolog. , &c.*
juſqu'à la fin du Livre.... *Cenſorinum de die natali ;
cap.* 10 & 13.

uniformes dans les révolutions des corps céleftes ; il fuppofe „ que Platon ayant „ imaginé (*a*) qu'aucun mobile n'avoit pu paffer du repos à aucun degré déterminé

(*a*) Platone avendo per avventura avuto concetto non potere alcun mobile paffare dalla quiete ad alcun determinato grado di velocitá, nel quale ei debba poi equabilmente perpetuarfi, fe non col paffare per tutti gli altri gradi di velocitá minori, o vogliam dire di tarditá maggiori, che tra l'affegnato grado, e l'altiffimo di tarditá, cioé della quiete intercedono ; diffe. che Iddio dopo avere creati i corpi mobili celefti, per affegnar loro quelle velocitá, colle quali poi doveffero con moto circolare equabile perpetuamente muoverfi, *gli fece,* partendofi loro dalla quiete, *muovere per determinati fpazii di quel moto naturale, e per linea retta,* fecondo'l quale noi fenfatamente veggiamo i noftri mobili muoverfi dallo ftate di quiete accelerandofi fucceffivamente. *E foggiunfe,* che avendogli fatto guadagnar quel grado, nel quale gli piacque, che poi doveffero mantenerfi perpetuamente, *converte il moto loro retto in circolare;* il quale folo è atto a confervarfi equabile, rigirandofi fempre fenza allontanarfi, o avvicinarfi a qualche prefiffo termine da effi defiderato. *Galilei Difcorfi, & dimoftrazioni matematiche,* edit. Leida, 1638. Elzev. in-4. p. 254.

L ij

» de vîteſſe, dans lequel il ait dû enſuite
» ſe perpétuer dans une égalité conſtante,
» à moins que d'avoir paſſé avant, par tous
» les autres degrés de moindre vîteſſe, ou
» de plus grand retardement ; il en conclut
» que Dieu, après avoir créé les corps cé-
» leſtes, voulant leur aſſigner enſuite ce
» degré de vîteſſe, dans lequel il vouloit
» qu'ils duſſent ſe mouvoir continuelle-
» ment, il leur imprima, en les tirant du
» repos, une force qui les fit parcourir
» des eſpaces déterminés, ſuivant le mou-
» vement naturel & rectiligne, ſelon le-
» quel nous voyons nos mobiles partir du
» repos & continuer à ſe mouvoir dans un
» mouvement ſucceſſivement accéléré ; &
» il ajoute que les ayant fait arriver à ce
» degré de mouvement, dans lequel il
» vouloit qu'ils ſe maintinſſent perpétuel-
» lement, il convertit alors leur premier
» mouvement en un mouvement circulaire,
» lequel eſt le ſeul qui puiſſe ſe conſerver
» uniforme, & faire que ces corps tour-
» nent ſans ceſſe ſans s'éloigner ou s'appro-
» cher d'un terme fixe ».

104. Cet aveu de Galilée eſt d'autant plus remarquable qu'il part d'un génie inventeur, & qui a le moins dû ſa célébrité aux ſecours des Anciens ; car tel eſt le propre des grands hommes de s'arroger le moins qu'il eſt poſſible un mérite auquel ils croient n'avoir pas tout le droit de prétendre : les deux plus grands philoſophes modernes, Galilée & Newton, viennent de nous en fournir des exemples qui ne feront jamais ſuivis que par les génies de leur claſſe.

Déſintéreſſement naturel aux grands hommes.

CHAPITRE VII.

*Voie lactée; syſtêmes ſolaires, ou pluralité
des Mondes ; Satellites , Tourbillons.*

**Réflexions
ſur la ſitua-
tion des An-
ciens par
rapport aux
Modernes.** 105. CETTE zône lumineuſe & blanchâ-
tre, qu'on voit au firmament parmi les
étoiles fixes, a dû fixer de bonne heure
l'attention des Anciens , & leur faire avancer beaucoup de conjectures ſur ce qui pouvoit l'occaſionner ; & il n'eſt pas douteux
qu'ayant propoſé différentes opinions là-
deſſus , pluſieurs doivent nous paroître
fauſſes , puiſqu'une ſeule peut être vraie ;
mais tel doit être le ſort des génies les
plus éclairés de tous les âges & ſur-tout des
âges les plus reculés ; une ſuite de ſiécles
écoulés après la découverte de quelque
grande vérité , fait que l'on s'y familiariſe ;
qu'elle eſt regardée comme ſi ſimple & ſi
facile , qu'on eſt tout étonné que de grands
hommes aient héſité ſur des choſes connues à nos enfans ; & nous ne faiſons pas
réflexion qu'un jour viendra peut-être , où

les idées des Locke & des Leibnitz , celles
des Newtoniens fur l'attraction , & des
autres phyficiens fur d'autres fujets feront
regardées par notre poftérité comme des
chofes toutes aifées fur lefquelles on s'é-
tonnera comment d'auffi grands hommes ,
que ceux qu'a produit notre fiécle , aient
pu s'arrêter long-temps. Si un feul de nous
leur paroît avoir entrevu la vérité fur les
points difcutés à préfent, combien paroî-
tront avoir avancé des rêveries ! Heureux
encore, fi parmi tant de différentes opinions , quelques-unes fe trouvent être
vraies ; car ce n'eft pas peu pour les hommes , qu'il y en ait de temps en temps un
qui marche d'un pas fûr dans les fentiers
où tous les autres s'égarent ; cela arrive
quelquefois aux Modernes , on en convient ; mais cela arrivoit de même aux Anciens ; la vérité brilloit fouvent à travers
l'obfcurité dont leurs connoiffances étoient
enveloppées ; plufieurs fe trompoient dans
leurs conjectures ; un ou deux leur mon-
troient la route qu'ils devoient tenir, &
c'eft tout ce à quoi nous nous attendons

des lumieres de notre siécle éclairé.

Sentimens
des Anciens
sur la voie
lactée.

106. La voie lactée & les étoiles fixes avoient été un sujet de recherches pour plusieurs philosophes : les Pythagoriciens disoient, sur la cause de la premiere, que le soleil avoit suivi une fois ce sentier, & y avoit laissé cette trace de blancheur que nous y observons ; les Péripatéticiens ont dit après Aristote que la voie lactée étoit formée par une exhalaison suspendue en l'air ; ils se sont trompés sans doute grossierement en cela, j'en conviens ; mais tous ne se sont pas trompés ; Démocrite, sans télescope, avoit dit, avant Galilée, que *cette partie du ciel, que nous nommons la voie lactée, contenoit une quantité innombrable d'étoiles fixes, dont le mélange confus de lumiere occasionnoit cette blancheur que nous désignons ainsi :* ou bien, pour le dire dans les mêmes termes que rapporte Plutarque (a), que c'etoit *la clarté réunie d'un grand nombre d'étoiles.*

____

(a) Δημόκριτος πολλῶν, καὶ μικρῶν, καὶ συνεχῶν ἀστέρων συμφωτιζομένων ἀλλήλοις συναυγασμον διὰ τὴν πύκνωσιν. Democritus existimavit viam lacteam esse plu-

107. Les Anciens n'étoient pas moins éclairés que nous sur la nature des étoiles fixes ; il n'y a que fort peu de temps que les Modernes ont enfin adopté les idées de ces grands maitres à ce sujet, après les avoir rejettées pendant plusieurs siecles. Ce seroit à présent une erreur en bonne philosophie de douter que les étoiles ne soient autant de soleils comme le nôtre, qui ont probablement leurs planètes, lesquelles accomplissent des révolutions autour d'eux, & forment des systêmes solaires plus ou moins semblables au nôtre. Tous les philosophes admettent à présent ce systême, fondé sur les raisonnemens les plus solides de l'astronomie, l'idée la plus sublime de la Divinité, & qui tend le plus à manifester sa gloire ; & les esprits les moins philosophes commencent même à se familiariser avec cette idée, graces à l'élégant ouvrage de M. de Fontenelle sur ce sujet.

Sur les étoiles fixes & la pluralité des Mondes.

---

rium, & exiguarum, sibique cohærentium stellarum splendorem, quæ sese invicem ob densitatem sibi viciniam illuminent. *Plutarch. de Placit. lib.* 3, *cap.* 1.

Opinion de
Plutarque
fur ce point.

108. Cette opinion de la pluralité des Mondes a été auſſi enſeignée généralement par les anciens philoſophes Grecs. Plutarque, après l'avoir expoſée, dit » qu'il » étoit bien éloigné de la condamner, & » qu'il trouvoit très- probable qu'il y eût » une quantité innombrable, quoique dé- » terminée, de Mondes comme le nô- » tre (a) «.

Celle d'A-
naximene.

109. Anaximene eſt un des premiers qui ait enſeigné cette doctrine ; il croyoit que *les étoiles étoient des maſſes immenſes de feu autour deſquelles certains corps terreſtres*

(a) Ἐγὼ δὲ περὶ μὲν ἀριθμοῦ κόσμων οὐκ ἄν ποτε διϊσχυρισαίμην ὅτι τοσοῦτοι, τὴν δὲ πλείονας μὲν ἑνὸς, οὐ μὴν ἀπείρους, ἀλλ' ὡρισμένους πλήθει, τιθεμένην δόξαν, οὐδετέραν ἐκείνων ἀλογωτέραν ἡγοῦμαι. Ego autem de numero mundorum, quòd ſint tot, nunquam ſanè contenderim ; eam verò ſententiam, quæ plures uno mundos, non tamen infinitos, ſed numero determinatos facit, neutram iſtarum abſurdiorem cenſeo. *Plutarch. opera*, p. 430 *in libro de Oraculorum defectu.*

Vide quoque Plutarchum, tom. 2, *opera*, p. 938. D. *de facie in orbe lunæ.*

que nous ne pouvions appercevoir, accomplif-
foient *des révolutions périodiques* (a) ; on voit
qu'il entendoit par ces corps terreftres,
qui tournoient autour de ces maffes de
feu, des planètes comme les nôtres, fub-
ordonnées à un foleil, & formant avec lui
un fyftême folaire.

110. Anaximene tenoit ceci de Thalès ; & cette opinion paffa de la fecte Ionique à la fecte Italique, laquelle croyoit (b) que chaque étoile étoit un Monde qui avoit un foleil & fes planètes, & étoit placée dans un efpace immenfe qu'ils ap-pelloient l'éther.

Opinion de
la fecte Ita-
lique.

(a) Ἀναξιμένης πυρίνην μὲν τὴν φύσιν τῶν ἄςρων, παρέ-χειν δέ τινα κỳ γεώδη σώμαῖα συμπεριφερόμενα τούτοις, ἄορατα. Anaximenes igneam judicavit effe ftella-rum naturam, fed permifta quædam ipfis terrena corpora (circum illas verfantia) non afpectabilia. *Stobæus, Eclog. Phyf. l. 1, p. 53.*

(b) Ἕκαςον τῶν ἀςέρων κόσμον ὑπάρχειν, γῆν περιέ-χοντα, ἄερα τε, κỳ αἰθέρα, ἐν τῷ ἀπείρῳ αἰθέρι. Crede-bat, *ftellam quamvis mundum effe*, terramque & *aftra continere*, & infinito in æthere collocari. *Plutarch. de Placitis, l. 2, c. 13 & 30.*

111. Héraclide & tous les Pythagoriciens enseignoient de même que *chaque
étoile étoit un Monde, ou un système solaire,
qui étoit composé comme le nôtre d'un soleil &
de planètes, auxquelles ils paroissoient même
accorder un air, une atmosphère, qui les envi-
ronnoient, & un fluide appellé éther, dans
lequel elles étoient soutenues* (a). Cette même
opinion paroît avoir même encore une origine plus ancienne; on en trouve des traces jusques dans les vers d'Orphée, qui vivoit du temps de la guerre de Troye, &
qui avoit enseigné la pluralité des Mondes, qu'Epicure regardoit aussi comme
fort probable.

(a) Ἡρακλείδης, ϗ οἱ Πυθαγόρειοι, ἕκαςον τῶν ἀςέρων κόσμον ὑπάρχειν, γῆν περιέχονἼα, ἀέρα τε, ϗ αἰθέρα,
ἐν τῷ ἀπείρῳ αἰθέρι. Ταῦτα δὲ τὰ δόγματα ἐν τοῖς Ὀρφι-
κοῖς φέρεται· κοσμοποιοῦσι γὰρ ἕκαςον τῶν ἄςρων. Ἐπίκουρος οὐδὲν ἀπογινώσκει τούτων, ἐχόμενος τῷ ἐνδεχομέ-
νου. Heraclides, & Pythagorici *quodlibet sidus mundum esse dixerunt*, qui in infinito æthera contineat. Eadem vero dogmata in orphicis, vel Orphei
carminibus efferuntur; Orphici enim *quamlibet stellam in mundum efformant*. Epicurus nihil istorum
reprobat, illi, quod fieri potest, insistens. *Plutar.
de Placitis. Phil. l. 2, c.* 1; *ad finem.*

112. Origènes dans ſes *Philoſophume-*
na (*1*) traite amplement de l'opinion de

(a) Ἀπείρους δὲ εἶναι κόσμους , κὴ μεγέθει διαφέρον-
τας· ἐν τισὶ δὲ μείζω τῶν παρ' ἡμῖν, κὴ ἐν ἴσοι πλείω· εἶναι
ἐν τῶν κόσμων ἄνισα τὰ διαστήματα , κὴ τῇ μὲν πλείους , τῇ
δὲ ἐλάττους , κὴ τοὺς μὲν αὔξεσθαι , τοὺς δὲ λήγειν. Φθεί-
ρεσθαι δὲ αὐτοὺς ἐπ' ἀλλήλων προσπίπτοντας. εἶναι δὲ ἐνίους
ἐρήμους ζῴων , κὴ φυτῶν , κὴ παντὸς ὑγροῦ. τοῦ
δὲ παρ' ἡμῖν κόσμου πρότερον τὴν γῆν τῶν ἄστρων γενέσθαι·
εἶναι δὲ τὴν μὲν σελήνην κάτω , ἔπειτα τὸν ἥλιον , εἶτα τοὺς
ἀπλανεῖς ἀστέρας· τοὺς δὲ πλάνητας οὐδ' αὐτοὺς ἔχειν ἴσον
ὕψος , ἀκμάζειν δὲ κόσμον ἕως ἂν μηκέτι δύνηται ἔξωθέν
τι προσλαμβάνειν.

Infinitos eſſe , & magnitudine inæquales mundos,
nonnullos ut ſole , ſic lunâ deſtitutos : in quibuſ-
dam utrumque majorem noſtris , & in aliis plures :
inæqualia inter ſe mundorum eſſe intervalla , &
plures alicubi , alibi pauciores. Hos augeſcere,
illos in vigore eſſe , vergere quoſdam ad interi-
tum ; & hîc quidem naſci , illic vero deficere. In-
teritum alteri ab altero afferri impingendo. Eſſe
inter cæteros , qui careant animantibus , & plan-
tis , & omni humore. In hoc autem noſtro mundo
terram aſtris priorem emerſiſſe; lunam ſede infimam,
ſolem ultra hanc proximum , ſtellas fixas remotiſ-
ſimas. Neque parem planetis inter ſe altitudinem.
Florere mundum , uſque dùm foris incrementi nihil
adipiſci poſſit amplius. *Origenes in Philoſophume-*
nis , c. 13.

Démocrite, de qui il dit, » qu'il enfei-
» gnoit qu'il y avoit une quantité innom-
» brable de Mondes, inégaux en grandeur,
» & différens dans le nombre de leurs pla-
» nètes ; plus ou moins grands que le nô-
» tre, à des diſtances inégales les uns des
» autres ; il diſoit que quelques-uns étoient
» habités par des animaux, dont il ne dé-
» finiſſoit point la nature ; que quelques-uns
» n'avoient ni animaux ni plantes, ni rien
» de ce que nous obſervons ſur notre glo-
» be « ; car ce génie vraiment philoſophi-
queconcevoit que la différente nature des
globes entraînoit néceſſairement d'autres
eſpèces d'êtres pour les habiter.

Trait d'Ale-
xandre à cet
égard.

113. Cette opinion de Démocrite donna
lieu à Alexandre de découvrir de bonne
heure ſon ambition démeſurée. Elien rapporte (a), que ce jeune prince ayant en-

____

(a) Οὐ γ᾽ δὴ δύναμαι πείθειν ἐμαυτὸν, μὴ γελᾷν,
ἐπ᾽ Ἀλεξάνδρῳ τῷ Φιλίππου, εἴγε ἀπείρους ἀκούων εἶναί τινας
κόσμους λέγοντος Δημοκρίτου ἐν τοῖς συγγράμμασιν, ὅδὲ ἠνιᾶτε,
μηδὲ τοῦ ἑνὸς, ᾗ κοινοῦ κρατῶν. πόσον ᾖ ἐπ᾽ αὐτῇ Δημοκρίτου ἐγέλασε κ᾽ αὐτὸς, τί δεῖ καὶ λέγειν ; ὦ ἔργον τοῦτο «.
Non poſſum mihi ipſi imperare, quominùs ri-

tendu dire ce que Démocrite enseignoit de la pluralité des Mondes, il se mit à pleurer, s'affligeant de ce qu'il n'en avoit pas encore conquis un seul.

114. Il paroît qu'Aristote a cru aussi la même chose, ainsi qu'Alcinoüs le Platonicien, & Louis Cœlius *de Rovigo* attribue a Plotin d'avoir aussi admis cette opinion, sur ce qu'il dit que la terre, comparée (*a*) à tout le reste de l'univers, est comme le moindre des astres.

Autres philosophes qui ont cru la même chose.

---

deam Alexandrum Philippi filium. Siquidem quùm audiret Democritum in quibusdam libris infinitos mundos constituere, indoluit, quòd ipse nondùm unius dominium teneret. Quantùm verò eum deriserit Democritus, quid opus est referre? quùm hoc fuerit ei consuetum, & proprium. *Ælian. Var. Hist.*

(*a*) Hic enim, sicuti accepimus, & meminit in libris de Cœlo & Mundo Aristoteles, terram è stellis unam esse prædicabat : quod in commentatione de Platonis doctrinâ comprobat Alcinoüs, & fortè significavit Plotinus, ubi ait, terram, si universo comparetur, esse veluti punctum, vel quasi stellam quamdam, minimam reliquarum. *Lud. Cœlius Rhodiginus, L.* 1, *c.* 4. *p.* 13, 14.

115. C'étoit sans doute en conséquence d'une telle idée que Phavorinus fondoit sa conjecture bien remarquable sur la possibilité qu'il y eût d'autres planètes que celles que nous connoissons. » Il s'étonnoit » que l'on admît comme une chose cer- » taine qu'il n'y avoit pas d'autres étoiles » errantes ou planètes que celles que les » Chaldéens avoient observées. Il pensoit, » pour lui, que leur nombre étoit plus con- » sidérable que le vulgaire ne le croyoit, » qu'elles se déroboient jusqu'alors à notre » vue «; en quoi il a eu probablement en vue les satellites que l'usage du télescope nous a ensuite fait connoître, & qu'il étoit beau à Phavorinus d'avoir supposés, & d'en avoir, pour ainsi dire, annoncé la découverte (a).

____

(a, Præterea mirabatur Phavorinus) id cuiquam pro percepto liquere, stellas istas, quas à Chaldæis, & Babyloniis, sive Ægyptiis, observatas ferunt (quas multi erraticas, Nigidius errones vocat) non esse plures, quam vulgo dicerentur. Posse enim fieri existimabat, *ut & alii quidam planeta essent... neque eos tamen homines cernere possint* Aulus Gellius, *l.* 14, *c.* 1.

116. Quoique

116. Quoique l'on ne regarde pas les
tourbillons de Descartes comme un système
fondé sur des principes solides, cependant
comme il a quelque chose d'ingénieux &
de brillant, & qu'il a été reçu d'abord
avec beaucoup d'applaudissemens, il mérite d'être mis au rang des opinions qui
font honneur aux Modernes, ou plutôt
qui font honneur aux Anciens, chez lefquels, malgré toute l'apparence de nouveauté que porte avec soi ce système, il
paroît avoir été puisé. En effet Leucippe,
& après lui Démocrite, avoient enseigné,
que (a) le mouvement & la formation

Tourbillons
de Descartes
connus des
Anciens.

---

a) Γίνεσθαι δὲ τοὺς κόσμους οὕτω· φέρεσθαι κατ' ἀποτο-
μὴν ἐκ τῆς ἀπείρου πολλὰ σώματα, παντοῖα τοῖς σχήμασιν,
εἰς μέγα κενόν. ἅπερ ἀθροισθέντα δίνην ἀπεργάζεσθαι μίαν,
καθ' ἣν προσκρούοντα καὶ παντοδαπῶς κυκλούμενα, διακρί-
νεσθαι χωρὶς τὰ ὅμοια πρὸς τὰ ὅμοια. ἰσορρόπων δὲ διὰ τὸ
πλῆθος μηκέτι δυναμένων περιφέρεσθαι, τὰ μὲν λεπτὰ
χωρεῖν εἰς τὸ ἔξω κενὸν ὥσπερ διαττόμενα· τὰ δὲ λοιπὰ, συμ-
μένειν, καὶ περιπλεκόμενα συγκατατρέχειν ἀλλήλα, καὶ
ποιεῖν τε πρῶτον σύστημά τι σφαιροειδὲς. τοῦτο δ' οἷον ὑμένα
ἀφίστασθαι, περιέχοντα ἐν ἑαυτῷ παντοῖα σώματα· ὧν κατὰ
τὴν τοῦ μέσου ἀντέρεισιν περιδινουμένων, λεπτὸν γίνεσθαι τὸν πέριξ ὑμένα, συρρεόντων ἀεὶ τῶν συνεχῶν κατ' ἐπί-

» des corps céleftes avoient été produits

ψαύσιν τῆς ὕλης. καὶ οὕτω γενέσθαι τὴν γῆν, συμμενόντων τῶν ἐνεχθέντων ἐπὶ τὸ μέσον. αὐτόν τε πάλιν τὸν περιέχοντα, οἷον ὑμένα, αὔξεσθαι κατὰ τὴν ἐπέκρυσιν τῶν ἔξωθεν σωμά- των· δίνῃ τε φερόμενον αὐτὸν ὧν ἂν ἐπιψαύσῃ, ταῦτα ἐπικ- τᾶσθαι.

*Sic autem fieri mundos : ex infinito per abfciffio-
nem , multa corpora , figuris omnigena , in magnum
vacuum ferri , eaque in unum coacta unam vertigi-
nem efficere*, fecundùm quam offendere, ac circum-
volvi modis omnibus, atque ita difcerni, ut feor-
sùm fimilia, quæ funt fui fimilia, petant. Cæterùm
æquilibria cùm ob multitudinem minimè tam cir-
cumferri poffint, *exilia quidem ad exterius vacuum
contendere velut diffultantia : cætera confiftere , &
innexa , atque in fe implicata invicem concurrere,
atque primam quandam concretionem efficere rotundam.* Hanc autem veluti membranam abfiftere,
continentem in fe omnigena corpora, quæ dùm fecundùm medii reluctationem circumvolvuntur,
tenuem per gyrum membranulam fieri, juxta ver-
tiginis tractum contiguis corporibus femper con-
fluentibus : *Atque ita fieri terram , dùm juncta manent , quæ ad medium ferebantur.* Ipfumque rursus
continentem, membranæ inftar, augeri juxta ex-
ternorum influentiam corporum , *& cùm vertigine
fertur quacunque attigerit, ea acquirere.* Diog. Laer.
L. 9 , Sect. 31 & feq. & Sect. 44.

» par une quantité infinie d'atômes de tou-
» tes sortes de figures, qui s'étant rencon-
» trés & accrochés ensemble, formerent
» des tourbillons, lesquels venant à s'agi-
» ter & tournoyer en tous sens, les corps
» subtils qui en faisoient partie, s'échappè-
» rent vers les bornes de la circonférence
» de ces tourbillons ; & les autres, moins
» subtils (parties d'un élément plus grof-
» fier) restèrent vers le centre, & formè-
» rent des concrétions sphériques, qui font
» les planetes, la terre & le soleil : ils di-
» soient que ces tourbillons étoient tous
» emportés par la rapidité d'une matiere
» fluide, dont la terre étoit le centre ; &
» que chaque astre se mouvoit avec d'au-
» tant moins de violence qu'il étoit plus
» près du centre : ils disoient encore que
» la vîtesse avec laquelle ces tourbillons
» tournoient, faisoit que le plus rapide &
» le plus fort entraînoit avec lui les autres
» corps ou planetes qui se trouvoient en-

Vide & Hesychium in Leucippo. Voyez Bayle ,
article LEUCIPPE.

M ij

» gagées dans son voisinage & se les appro-
» prioit ».

Autre principe de Descartes connu de Leucippe.

117. Le premier de ces deux philosophes paroît aussi avoir connu le grand principe de Descartes , que *les corps qui tour-
nent tendent à s'éloigner du centre & à s'en
échapper par la tangente.*

CHAPITRE VIII.

Du Syſtéme des Couleurs, du Chevalier NEWTON, indiqué par PYTHAGORE *&
par* PLATON.

118. LE ſyſtême ſi merveilleux de la ſé-
paration des différentes couleurs homogènes qui compoſent la lumiere, ſuffiroit
pour établir à jamais la gloire du chevalier
Newton, & faire ſeul l'éloge de la ſagacité
extraordinaire de ce grand homme. Cette
découverte ſembloit par ſon importance
être réſervée à un âge où la philoſophie
fût dans toute ſa maturité ; cependant il
s'eſt trouvé des hommes célèbres parmi les
premiers philoſophes, dont le génie n'a
pas eu beſoin de l'expérience de pluſieurs
ſiécles pour ſe former, & qui en ont donné
des preuves frappantes dès la naiſſance des
ſciences. Pythagore & Platon ſont de ce
nombre. Il paroît que le premier, & ſes
diſciples après lui, ont eu des idées aſſez
juſtes de la cauſe des couleurs : ils ont en—

Sentiment
des Pythago-
riciens ſur
les couleurs.

M iij

feigné *qu'elles n'étoient autre chofe qu'une réflexion de la lumiere, modifiée de différentes manieres (a)*; ce qu'un auteur moderne (en expliquant ce fentiment des Pythagoriciens) interprète : *une lumiere qui fe réfléchit avec plus ou moins de vivacité, & forme par-là les fenfations des diverfes couleurs (b)*. Ces mêmes philofophes de l'école de Pythagore, *rendoient raifon de la différence des couleurs, en les faifant naître d'un mélange des élémens de la lumiere (c)*;

(a) Ἕτεροι κατὰ τιναν ἀκτίνων ἔκκρισιν, μετὰ τὴν πρὸς τὶ ὑποκείμενον ἔκτασιν πάλιν ὑποστρεφουσῶν πρὸς τὴν ὄψιν. Alii (i. e. Pythagorici) videre nos arbitrantur propter quorundam radiorum incurfum, qui poftquàm objectæ rei infixi funt, rursùs ad vifum convertantur. *Plutarch. de Placit. philofoph. L. 4, c. 13. Stobæus Ecl. Phyf. p. 35.* Ariftarchus colores effe *lucem in fubjectas res incidentem.*

(b) Colonne, *Principes de la Nature, t. 1, p. 220.*

(c) Τὰς δὲ διαφόρας τῶν χρωμάτων παρὰ τὰς ποιὰς μίξεις τῶν στοιχείων. Colorumque difcrimina ex variis elementorum mixturis oriri. *Plutarch. ibid. L. 1, c.* 15. Gaffendi, *Epic. Philof. Syntagm. c.* 15, *p.* 21, col. 2. Ariftotel. *de Gen. & Corrup. Lib. c. 2, pag.* 496. E. Lucretius, *de nat. rer. Lib. c.* — 754, 794.

& dépouillant les atômes, ou les petites particules de la lumiere , de toute couleur naturelle , ils enseignoient que les sensations de toutes les couleurs étoient produites en nous par les différens mouvemens excités dans les organes de notre vue (a).

119. Platon semble aussi avoir entrevu le système du chevalier Newton sur les couleurs , lorsqu'il dit qu'elles sont l'effet

---

Proindè colore cave contingas femina rerum.
.... at variis funt prædita formis
E quibus omnigenos gignunt, variantque colores.
Vid. & Diogen. Laert. *Lib.* 10 , *Sect.* 44 *totâ.*
Exponit locum citatum Ariftotelis Thomas in
Comm. fuis in Lib. de Gener. & Corrupt. *Lib.* 1 ,
p. 4 , *col.* 1 , & Averroës in eund. loc. *p.* 156. *col.* 1.

(a) Οἱ δὲ τὰ ἄτομα πάντα συλλήβδην ἄχροα , ἐξ ἀποίων δὲ λόγων θεωρητῶν τὰς αἰσθητὰς ὑποφαίνουσι γίγνεσθαι ποιότητας. Alii cunctas atomos colore carere , de quibufdam autém qualitatis expertibus ratione contemplandis qualitates fenfus moventes exiftere. *Stobæus Eclog. Phyf. Lib.* 1 , *p.* 35.

Claudian. in Panegyride de Confulatu Mallii Theodoreti , v. 105.
Sitne color proprius rerum, *lucifne repulsâ*
Eludant aciem.

Platon pa-
roit avoir
connu la
théorie
Newtonien-
ne des cou-
leurs.

de la lumiere renvoyée par les corps, & laquelle a de petites particules proportionnées à l'organe de la vue (*a*) ; car n'est-ce pas là précisément ce que M. Newton a enseigne (*b*) : » Que les différentes sensa
» tions de chaque couleur particuliere sont
» excitées en nous par la différence de la
» grosseur des petites particules de lu-

(*a*) Πλάτων Φλόγα ἀπὸ τῶν σωμάτων, σύμμετρα μέρια ἔχουσαν πρὸς τὴν ὄψιν. Plato colores esse fulgorem à corporibus exeuntem partes visui commensuratas habentem , dixit. *Plutarch. de Placitis Philos. L.* 1, *cap.* 15 , *P.* 32.

Ἃ ξύμπαντα μὲν χρόας ἐκαλέσαμεν, Φλόγα τῶν σωμάτων ἑκάστων ἀποῤῥέουσαν, ὄψει σύμμετρα μόρια ἔχουσαν πρὸς αἴσθησιν. *Est autem color nihil aliud , quàm fulgor* è singulis corporibus defluens , *partes habens visui ad sentiendum accommodatas.* Platonis Timæus, *tom.* 3 , *p* 67. C. Vid. *& Platonem in Menone ,* *tom.* 2 , *p.* 76, *C. D.* Esse quasdam defluxiones rerum & meatus in quos & per quos illæ defluxiones manent.... e defluxionibus autem alias quidem meatuum nonnullis convenire , alias verò majores , sive minores esse. *Vid. imprimis eundem Philosophum in Thæetet. tom.* 1 , *p.* 156 , *& notam in margine.*

(*b*) *Optices Lib.* 3. Quæst. 13 , *& pag.* 46. Edit. *Patav. in Definitione , Lib.* 1 , *Part.* 2.

» miere, dont chaque rayon eſt formé;
» leſquelles petites particules donnent l'i-
» dée des diverſes couleurs, ſuivant la vi-
» bration plus ou moins vive avec laquelle
» nos organes en ſont affectés » ? Le même
philoſophe a été plus loin; il eſt entré dans
le détail de la compoſition des couleurs (*a*);
il a été juſqu'à rechercher *quelles étoient
celles qui devoient provenir du mélange des*

(*a*) Τὴν δ' ἐξυτίαν φορὰν, κ, γένους πυρὸς ἑτέρου
προσπίπτουσαν κ, διακρίνουσαν τὴν ὄψιν μέχρι τῶν ὀμμάτων,
αὐτάς τε τῷ ὀφθαλμῶν τὰς διεξόδους βίᾳ διαστοῦσαν καὶ
τήκουσαν..... κ, τῶ μὲν ἐκπηδῶντες πυρὸς, οἷον ἀπ' ἀστρα-
πῆς.... παντοδαπὸν ἐν τῇ κινήσει ταύτῃ γιγνομένων χρωμάτων, μαρμαρυγὰς μὲν τὸ πάθος προτείνομεν, τὸ δὲ
τῶτε ἀπεργαζόμενον, λαμπρὸν τε καὶ στίλβον ἐπονομά-
σαμεν.

Motionem vero acutiorem, generiſque alterius
ignis, incidentem, diſcernentemque viſum ad
oculos uſque, ipſorumque oculorum quaſi divor-
tia, atque meatus vi compellentem..... Et quùm
unus quidem ignis velut è coruſcatione quâdam exi-
lit.... multiplices in hâc agitatione colores exiſtunt,
illamque affectionem coruſcationem, ſive emica-
tionem vocamus : illud verò, quod eam efficit,
ſplendidum, atque coruſcum. *Idem ibid. & pag.*
68. *A. B.*

différentes couleurs dont la lumiere est compo-
sée (a); & ce qu'il avance un peu après:
qu'il n'étoit pas au pouvoir de l'homme de
déterminer au juste en quelle proportion étoit
le différent mélange de certaines couleurs (b),

(a) Ἐρυθρὸν δὲ δὴ μέλανι λευκῷ τε κραθὲν, ἁλουργόν· ὄρφνινον δέ, ὅταν τούτοις μεμιγμένοις καυθεῖσί τε, μᾶλλον συγκραθῇ μέλαν· πυρρὸν δέ, ξανθοῦ τε καὶ φαιοῦ κράσει γίγνεται· φαιὸν δέ, λευκοῦ τε κ̀ μέλανος· τὸ δὲ ὠχρὸν, λευκοῦ ξανθῷ μεμιγμένου· λαμπρὸν δέ, λευκῷ ξυνελθὸν, κ̀ εἰς μέλαν κατακορὲς ἐμπεσόν, κυανοῦν χρῶμα ἀποτελεῖται· κυανοῦ δὲ λευκῷ κεραννυμένου, γλαυκόν· πυρροῦ δὲ μέλανι, πράσιον.

Rubeus cum nigro, & albo mixtus purpureum facit : pullus verò nascitur color, cum his mixtis, & inustis nigrum vehementius inoleverit ; fulvus, flavi, fuscique temperatione existit ; fuscus verò nigri, & albi ; pallidus, albi fulvo mixti ; splendidus autem, albo adjunctus, & confertim nigro offusus. cæruleum efficit : cærulei verò cum albedine mixtio, glaucum : fulvi cum nigro temperatio colorem viridem facit. *Plat. Timæus, tom.* 3. *p.* 68. *B. C.*

(b) Τὸ δ' ὅσον μέτρον ἐς ὅσοις, οὐδ' εἴ τις εἰδείη, νοῦν ἔχοι τὸ λέγειν ἂν μήτε τινὰ ἀνάγκην, μήτε τὸν εἰκότα λόγον καὶ μέτριος ἂν τις εἰπεῖν εἴη δυνατός. Quá verò mensurá, quove modo singula singulis misceantur, ne si qui-

fait assez voir qu'il avoit une idée nette de
cette théorie, mais qu'il jugeoit presque
impossible de la développer ; & c'est ce
qui lui fait ajoûter, que *Si quelqu'un par-*
venoit à connoître la proportion de ce mélange,
il ne devroit pas hazarder de le découvrir,
parce qu'il ne seroit pas possible de pouvoir le
démontrer par des raisons évidentes & néces-
saires ; quoiqu'il crût que *l'on pourroit éta-*
blir des règles sûres sur ce sujet, si l'on par-
venoit, en suivant & imitant la Nature, à
former diverses couleurs par un mélange com-
biné d'autres couleurs (a) : & il ajoûte ensuite ce qui peut être regardé comme le
plus grand éloge qui ait jamais été fait du
chevalier Newton : » *Oui,* s'écrioit ce beau

---

dem noverit aliquis, commemorare prudentis est :
præsertim quùm neque necessariam, neque verisimi-
lem de his rationem afferre quis ullo modo possit.
Idem ibid. 3.

(a) Τὰ ἢ ἄλλα, ἀπὶ τούτων χιδὲν δὴλα, αἴς ἀν ἀθρ-
μοιούμενα μἴτοι διαχαζοι τὴν εἰκετα μἴδον. Alii porrò
colores horum indicatione manifesti : *ex quorum*
mixtionibus varias formas repræsentant, ac proinde
consentaneam quamdam sequuntur differendi rationem.
Idem ibid. c. 1.

génie de l'Antiquité ; si quelqu'un entreprenoit jamais de rendre raison , par de curieuses recherches, de ce méchanisme admirable , il feroit bien voir par-là qu'il ignore entiérement la différence qu'il y a entre le pouvoir de l'homme & le pouvoir de Dieu : car Dieu peut , il est vrai , faire un mélange de plusieurs choses en une , & il peut ensuite les séparer comme il lui plait , parce qu'il sçait tout , & peut tout en même temps ; mais il n'y a point d'homme aujourd'hui , & il n'y en aura peut-être jamais qui puisse venir à bout d'accomplir deux choses aussi difficiles (a).

(a) Εἰ δέ τις τούτων ἔργῳ σκοπούμενος βάσανον λαμβάνοι, τι τῆς ἀνθρωπίνης καὶ θείας φύσεως ἠγνοηκὼς ἂν εἴη διάφορον· ὅτι θεὸς μὲν τὰ πολλὰ εἰς ἓν ξυγκεραννύναι, καὶ πάλιν ἐξ ἑνὸς εἰς πολλὰ διαλύειν ἱκανος, ὡς ἐπιστάμενος ἅμα κỹ δυνατός· ἀνθρώπων δὲ οὐδεὶς οὐδέτερα τούτων ἱκανος οὔτε ἔστι νῦν, οὔτ' εἰσαῦθίς ποτε ἔσται.

Quod si quis hæc ita ratione consideraverit, ut re ipsâ experimentum capere velit, ille nimirùm humanæ, & divinæ naturæ discrimen ignoraverit. *Deum videlicet multa in unum commiscere, & rursùs ex uno in multa posse dissolvere ; quippe qui id ipsum & sciat, & possit.* Mortalium autem homi-

Quel éloge que ces paroles dans la bouche d'un philosophe tel que Platon , & quelle gloire pour celui qui a entrepris avec succès de démontrer des choses qui paroissoient impraticables à ce prince des philosophes ! mais aussi quelle grandeur de génie , quelle pénétration dans les secrets les plus intimes de la Nature, que celle qui a fait dire à Platon tout ce que nous venons de rapporter sur la nature & la théorie des couleurs , dans un temps où la philosophie étoit encore dans son enfance !

120. Quoique le système de Descartes sur la propagation de la lumiere en un instant ne soit gueres reçu à présent de la plûpart des philosophes , depuis que MM. Cassini & Romer ont découvert que son mouvement étoit progressif ; cependant , comme ce système a prévalu pendant long-temps , & que l'on en fit alors tout l'honneur à Descartes , il n'est pas mal-à-propos de faire voir en peu de mots qu'il pou-

Système de Descartes sur les couleurs.

num nemo neque hoc tempore , neque in posterum, alterutrum queat. *Plat, Timæus , p. 68. D.*

voit avoir puifé cette idée dans Ariftote & fes commentateurs. Le fentiment du philofophe moderne eft, que la lumiere n'eft-autre chofe que l'action d'une matiere fubtile fur les organes de la vue ; cette matiere fubtile étant fuppofée remplir tous les efpaces, depuis le foleil jufqu'à nous, la premiere de ces petites parties de la matiere étant preffée par le foleil, & ne pouvant céder fans que toutes les autres ne cédent au même inftant, tous ces globules, qui font contigus depuis nos yeux jufqu'au foleil, où ils font agités & frappés, ne peuvent que nous communiquer fon mouvement en un inftant. Pour rendre la chofe plus fenfible, Defcartes fe fert de la comparaifon d'un bâton (*a*), lequel ne peut être preffé & pouffé d'une ligne de diftance, fans que l'autre bout, qui eft continu, ne foit preffé également. Quiconque voudra fe donner la peine de lire avec attention ce qu'Ariftote a dit fur la lumiere, & ne pas s'en rapporter aux in-

____

(*a*) Defcartes, Dioptrique, *Ch.* 1, *Sect.* 3.

terprétations ridicules que quelques-uns
ont faites de ses paroles, verra clairement
qu'il n'étoit pas si éloigné qu'on le pense
de la vérité; il la définit : l'action d'une
matiere subtile, pure & homogène (*a*);
& Philoponus, voulant expliquer la maniere
dont se fait cette action, se sert de l'exemple d'une corde extrêmement longue, laquelle, si quelqu'un la tire par une de ses
extrémités, sera mue dans le même instant
à l'extrémité opposée à cause de la continuité de ses parties (*b*). Il compare dans le
même endroit le soleil à l'homme qui remue la corde, la matiere à la corde, &
l'action momentanée au mouvement de
cette corde. Simplicius, dans son Commentaire sur le même passage d'Aristote, em-

______

(*a*) Aristotel. de Animâ, *Lib.* 2. *cap.* 7. *p.* 638.
Φῶς δὲ ἐστιν ἡ ἐνέργεια τῦ διαφανοῖς. & Stobæus Eclog.
Physic. *Lib.* 1, p. 35. Aristotel. dicit lucem esse,
ὕλην εἶναι διαθρυμένην καθαρὰν κỳ ἀμιγῆ.

(*b*) Philoponus de Animâ *Lib.* 2, *text.* 69,
p. 123, *col.* 1. Quemadmodùm si quis funis longi
& extensi summum moverit, totus funis sine tempore movetur ἀχρόνως propter partium continentiam.

ploie précisément l'idée du mouvement d'un bâton pour exprimer comment la lumiere, pressée par le soleil, doit agir dans le même instant sur les organes de la vue *(a)*. Cette comparaison du bâton, pour donner l'idée de la vîtesse avec laquelle se communique la lumiere, paroît avoir été employée premierement par Chrysippe *(b)*.

(a) Καθάπερ ὁ μοχλὸς τὸν λίθον ὑπὸ τῆς χειρὸς κινούμενος. Simplicius de Animâ. *Lib.* 2. *text.* 74. *p.* 37. *Edit. Aldi.*

(b) Ὡς διὰ βακτηρίας οὖν τῦ παθέντος ἀέρος τὸ βλεπόμενον ἀναγγέλλεσθαι. Diogenes Laert. *Lib.* 7. *Sect.* 15. Vid. *& Plutarch. de Placitis Philos. Lib.* 4. *cap.* 15.

CHAP. IX.

CHAPITRE IX.

Systême de COPERNIC; mouvement de la terre autour du soleil; Antipodes.

111. Voici encore quelques autres vérités, jadis enseignées par les Anciens, & enfin adoptées par les Modernes, après avoir éprouvé le sort de beaucoup d'autres, & avoir été hautement rejettées & condamnées. Le mouvement de la terre autour du soleil, & les Antipodes ont été connus de bonne heure, presque toujours reçus avec mépris, ou tournés en ridicule, & ces opinions ont été quelquefois même dangereuses à ceux qui les ont soutenues. Toutes deux cependant sont à présent confirmées & généralement approuvées; & nous allons ainsi peu-à-peu rétablissant depuis deux siécles les anciennes opinions les plus célèbres, sans cependant diminuer le moins du monde de cette affectation de méconnoître des vérités ou des opinions que nous devons à ceux qui les ont enseignées les premiers.

Conduite des Modernes à l'égard des Anciens.

Partie I.　　　　　　　N

Le syftème de Copernic appartient aux Anciens.

122. Le fyftême du monde le plus rai-fonnable, & le plus conforme à toutes les obfervations eft fans doute celui dé Copernic, qui place le foleil dans le centre du monde, les étoiles fixes dans les extrémités, & fait mouvoir la terre & les autres planètes dans cet efpace qui eft entre les étoiles fixes & ces planètes ; & qui attribue à la terre non-feulement un mouvement diurne autour de fon propre axe, mais encore un mouvement annuel. Ce fyftême eft le plus fimple & explique le mieux tous les phénomènes des planètes, & fur-tout les ftations, les rétrogradations & les directions de Mars, Jupiter & Saturne ; & on a lieu d'être furpris qu'un fyftême fi clairement enfeigné par les Anciens ait pris fon nom d'un philofophe moderne. Pythagore, Philolaüs, Nicétas de Syracufe, Platon, Ariftarque & plufieurs autres parmi les Anciens ont, en mille endroits, parlé de cette opinion : Diogène de Laërce, Plutarque & Stobée nous ont tranfmis avec précifion leurs idées là-deffus; & fi on ne l'a pas admis plutôt, cela ne

doit s'attribuer qu'à la force du préjugé, qui nous faisant toujours décider de la nature des choses sur les apparences, nous a toujours éloignés d'un systême qui est plus du ressort de la raison que de celui de nos sens, au témoignage desquels il se refuse.

123. Pythagore croyoit que la terre étoit mobile, & n'occupoit point le centre du monde, mais qu'elle avoit un mouvement circulaire autour de la région du feu (a), par laquelle il entendoit le soleil, & for-

Pythagore paroît être le premier qui l'ait enseigné.

(a) Πυθαγορικοὶ τὴν ᾗ γῆν, ὅτι ἀκίνητον, ὅτι ἐν μέσῳ τῆς περιφορᾶς οὖσαν, ἀλλὰ κύκλῳ περὶ τὸ πῦρ αἰωρουμένην, κτε ͗ων πρωτωτάτων, ͗δὲ ͗ων πραγμάτων τῦ κόσμου μορίων ὑπάρχειν. Pythagorei Terram non putant immobilem, neque mediam tenere regionem globi, sed *esse in gyrum* circum ignem suspensam, neque numerari inter Elementa Mundi præcipua, *& prima.* Plutarchi opera *tom.* 1, *p.* 67. D. *in Numâ. Vid. eundem de Placitis Philosophorum L.* 3, *cap.* 13. *Clem. Alex. Strom. L.* 5. *p.* 556; *& Aristotel. de Cælo. L.* 2. *c.* 13 *&* 14. Theon Smyrnæus ait tradi ab Eudemo in historiâ Astrologicâ Anaximandrum invenisse ; ὅτι ἔστιν γῆ μετέωρος καὶ κινεῖται περὶ τὸ τῦ κόσμου μέσον. Quòd Terra sit in sublimi pendens & moveatur circa mundi medium.

N ij

moit ainsi les jours & les nuits. On dit que
Pythagore avoit appris cette doctrine chez
les Egyptiens, qui représentoient le soleil
sous l'emblême d'un escarbot, parce qu'il
passe six mois sous la terre, & les six autres mois au-dessus ; ou bien parce qu'ils
avoient observé que cet insecte forme une
boule de ses excrémens, & se couchant ensuite sur le dos, fait mouvoir avec ses pat-
tes cette boule en cercle autour de lui.

Philolaüs l'a fait connoître.

124. Quelques-uns, entr'autres Diogene de Laërce, attribuent cette opinion à
Philolaüs (a), disciple de Pythagore : mais
il paroît qu'il n'a eu que le mérite de l'a-
voir divulguée le premier, ainsi que plusieurs autres opinions de son école; car
Eusebe affirme expressément que Philo-

(a) Φιλόλαος γῆν κύκλῳ περιφέρεσθαι περὶ τὸ πῦρ, κατὰ κύκλου λοξοῦ, ὁμοιοτρόπως ἡλίῳ, καὶ σελήνῃ. Phi-
lolaüs opinatur *Terram in orbem circa mundanum ignem per obliquum circulum (i. e. Zodiacum) cir-cumferri instar solis & lunæ.* Stobæus, *p.* 51 , *Ecl. Phys. L.* 1. *Plutarch. de Placitis , L.* 3 , *c.* 11 & 13. *Vid. & Diogenem Laërtium , L.* 8. *Sect.* 85, *Euseb. Præpar. Evangelic. p.* 519.

laüs avoit le premier expofé par écrit le fyftême de Pythagore. Philolaüs ajoutoit que la terre parcouroit un cercle oblique, par lequel il entendoit fans doute le zodiaque.

125. Plutarque femble infinuer que Timée de Locres, auffi difciple de Pythagore, avoit eu la même opinion ; & que lorfqu'il difoit que les planètes étoient animées, & qu'il les appelloit les différentes mefures du temps, il ne vouloit rien dire de plus, finon (*a*) » que le foleil, la lune

Sentimens de Timée de Locres, d'Ariftarque & de Séleucus.

(*a*) Πῶς λέγει τὰς ψυχὰς ὁ Τίμαιος εἴς τε γῆν καὶ σελήνην, καὶ τὰ ἄλλα ὅσα ὄργανα χρόνου σπαρῆναι; πότερον οὕτως ἀπίνει τὴν γῆν ὥσπερ ἥλιον, καὶ σελήνην, καὶ τοὺς πέντε πλανήτας, οὓς ὄργανα χρόνου, διὰ τὰς τροπὰς, προσηγόρευσε; καὶ ἵδει τὴν γῆν ἰλλομένην περὶ τὸν διὰ πάντων πόλον τεταγμένον, μὴ μεμηχανῆσθαι συνεχομένην, καὶ μένουσαν, ἀλλὰ στρεφομένην, καὶ ἀνειλουμένην νοεῖν; ὡς ὕστερον Ἀρίσταρχος, καὶ Σέλευκος, ἀπεδείκνυσαν.

Quomodò ait Timæus animas in terram, Lunam, & quæ alia funt inftrumenta temporis difperfas effe? An hoc modo moveri ftatuebat terram, quo folem, lunam, & quinque planetas, quos converfionum causâ appellat inftrumenta temporis ? & oportuit terram devinctam circa axem

» & les autres planètes fervoient à mefu-
» rer le temps par leurs révolutions, &
» que la terre ne devoit pas être imaginée
» toujours ftable dans le même lieu, mais
» mobile & dans un mouvement circulaire,
» comme Ariftarque de Samos & Séleucus
» l'ont enfeigné depuis.

Exposition
du sentiment
d'Ariftar-
que.

126. Cet Ariftarque de Samos vivoit
environ trois cents ans avant Jefus-Chrift,
& fut un des principaux défenfeurs de l'o-
pinion du mouvement de la terre. Archimede, dans fon livre *de Arenario*, nous
apprend » qu'Ariftarque écrivant fur ce
» fujet contre quelques philofophes de fon
» temps, avoit placé le foleil immobile
» dans le centre d'un orbite qu'il faifoit
» parcourir à la terre par un mouvement
» circulaire (*a*) » ; & Sextus Empiricus cite

univerſi, *non ita fabricatam intelligi, ut uno con-
tenta loco maneret, fed quæ converteretur, & cir-
cumageretur ?* poftmodò Ariftarchus, & Seleucus
oftenderunt. *Plutarch. tom.* 2, *p.* 1006. *C.*

(*a*) Ταῦτα γὰρ ἐν ταῖς γραφομέναις παρὰ τῶν Ἀστρολό-
γων διακρούσας Ἀρίσταρχος ὁ Σάμιος, ὑποθεσίων τινων
ἐξέδωκεν γράψας, ἐν αἷς, ἐκ τῶν ὑποκειμένων συμβαίνει

auſſi Ariſtarque comme un de ceux qui ont ſoutenu principalement cette opinion (*a*).

127. Il y a auſſi un autre paſſage dans Plutarque, par lequel il paroît que Cléan-

τὸν κόσμον πολλαπλάσιον ἤ μὲν τοῦ νῦν εἰρημένου. Ὑπολείπε-
ται γὰρ τὰ μὲν ἀπλανῆ τῶν ἄστρων, καὶ τὸν ἥλιον μένειν
ἀκίνητον· τὰν δ γᾶν περιφέρεσθαι περὶ τὸν ἥλιον, κατὰ
κύκλου περιφέρειαν, ὅς ἐστιν ἐν μέσῃ τῷ δρόμῳ κείμενος.

Id eſt, Friderico Commandino interprete : Hæc igitur in iis, quæ ab Aſtrologis ſcripta ſunt, redarguens Ariſtarchus Samius, poſitiones quaſdam edidit; ex quibus ſequitur mundum proximè dicti mundi multiplicem eſſe. Ponit enim ſtellas inerrantes, atque ſolem immobiles permanere : *terram ipsam circumferri circa ſolem, ſecundùm circumferentiam circuli, qui eſt in medio curſu conſtitutus.* Meminit Archimedes in Pſamnite, p. 449.

(*a*) Οἱ γε μὲν τὴν τῦ κόσμου κίνησιν ἀνελόντες, τὴν
δ γῆν κινεῖσθαι δοξάσαντες, ὡς οἱ περὶ Ἀρίσαρχον τὸν
Μαθηματικόν, ὃ καλύονται νοεῖν χρόνον. Τοίνυν ἕτερον εἶναι
λεκτέον τὸν χρόνον, καὶ ὃ ταὐτὸν τῇ τῦ κόσμου κινήσε.

Iis quidem certè, qui mundi motum ſuſtulerunt, *terram autem moveri ſunt opinati,* ut Ariſtarchus Mathematicus, nihil hoc obſtat, quominùs tempus mente concipiant. Aliud ergò dicendum eſt eſſe tempus, & non idem, quod motum mundi. *Sextus Empiricus, p.* 663. *Sect.* 174.

N iv

the accusoit Ariftarque d'impiété & d'ir-
religion, de ce qu'il troubloit le repos de
Vefta & des Dieux Lares de l'univers,
parce qu'il vouloit rendre raifon des phénomènes qui arrivent dans le cours des
planètes, en enfeignant que le ciel ou le
firmament où font placées les étoiles fixes,
étoit immobile, & que la terre parcouroit un orbite circulaire fur une ligne oblique, & accompliffoit en même temps un
mouvement de rotation fur fon axe; fur
quoi il faut obferver qu'il y a une faute
dans le texte de Plutarque que tous les
commentateurs conviennent qu'il faut cor-
riger en lifant *Cléanthe*, au lieu où l'on
lit *Ariftarque* (a).

(a) Μόνον, εἶπεν, ὦ τᾶν, μὴ κρίσιν ἡμῖν ἀσεβείας
ἐπαγγείλῃς· ὥσπερ Ἀρίσταρχος ᾤετο δεῖν Κλεάνθη τὸν
Σάμιον ἀσεβείας προκαλεῖσθαι τοὺς Ἕλληνας, ὡς κινοῦντα
τοῦ κόσμου τὴν ἑστίαν, ὅτι φαινόμενα σώζειν ἁνὴρ ἐπειρᾶτο,
μένειν τὸν οὐρανὸν ὑποτιθέμενος, ἐξελίττεσθαι δὲ κατὰ
λοξοῦ κύκλου τὴν γῆν, ἅμα καὶ περὶ τὴν αὐτῆς ἄξονα δινου-
μένην. Heus tu, inquit, noli nos impietatis reos
facere, eo pacto, quo Ariftarchus putavit Clean-
them Samium violatæ Religionis à Græcis debuiffe

128. Théophraste, cité par Plutarque, a écrit dans une histoire de l'astronomie qui n'est pas parvenue jusqu'à nous, que Platon, qui avoit toujours enseigné que le soleil tournoit autour de la terre, revint de cette erreur dans un âge plus avancé, & se repentit de n'avoir pas placé le soleil dans le centre du monde, comme le lieu qui convenoit le plus à cet astre ; & d'y avoir placé la terre (*a*), contre l'or-

Platon dans sa vieillesse adopte l'opinion du mouvement de la terre.

---

postulari, tanquam si universi Lares, Vestamque loco movisset : quòd is homo conatus ea, quæ in cœlo apparent tutari certis ratiocinationibus, posuisset cœlum quiescere, *terram per obliquum evolvi circulum, & circa suum versari interim axem.* Plutarchus de facie in orbe lunæ, p. 922, 923.

(*a*) Θεόφραστος δὲ καὶ προσιστορεῖ τῷ Πλάτωνι πρεσβυτέρῳ γενομένῳ μεταμέλειν ὡς οὐ προσηκόντως ἀποδόντι τῇ γῇ τὴν μέσην χώραν τοῦ παντός. Theophrastus porrò etiam id narrat, *Platonem jam natu grandem pœnitentiâ fuisse ductum, quòd terram in medio universi non suo loco collocavisset.* Plutarch. opera, tom. 2, p. 1006. C.

Ταῦτα δὲ καὶ Πλάτωνα φασὶ πρεσβύτην γενόμενον διανοεῖσθαι περὶ τῆς γῆς, ὡς ἐν ἑτέρᾳ χώρᾳ καθεστώσης, τὴν δὲ μέσην καὶ κυριωτάτην ἑτέρῳ τινὶ κρείττονι προσήκουσαν.

dre le plus naturel : & il n'eſt pas éton-
nant que Platon ſoit revenu à cette opinion, en ayant été imbu de bonne heure
dans les écoles de deux célèbres Pythagoriciens, Archytas de Tarente, & Timée
de Locres; comme on le voit dans l'apo-
logie des chrétiens par S. Jerôme contre
Rufin.

Antipodes connus de pluſieurs anciens philoſophes.

129. L'opinion que la terre étoit ronde,
habitée en tout ſens, & que par conſéquent
il y avoit des Antipodes dont les pieds
étoient oppoſés aux nôtres, eſt encore une
des plus anciennes vérités enſeignées en
philoſophie. Diogène de Laërce dit, dans
un endroit de ſon hiſtoire, que Platon
étoit le premier qui eût nommé Antipodes
les habitans de la terre qui nous ſont oppoſés. Il ne veut pas dire que Platon ait

---

Eadem Platonem volunt jam ſenem ſenſiſſe de
terrâ, *alio eam loco reponentem*, medium verò
domicilium alteri cuipiam attribuiſſe præcellen-
tiori. *Idem in vitâ Numa.*

Vide & Euſebium, Præp. Evang. Lib. 15. *cap.* 8...
Plotin. Ennead 2. *L.* 2, *c.* 1. *Corſin. in Plutarch.*
de Placitis Philoſ. Diſſert. 2, *p.* 31.

enſeigné le premier cette opinion ; mais ſeulement qu'il a le premier employé le mot d'*Antipodes* ; car dans un autre endroit le même Diogène de Laërce cite Pythagore comme auteur de cette opinion (*a*). Plutarque a auſſi un paſſage là-deſſus (*b*), par lequel il paroît que c'étoit un point diſcuté de ſon temps ; & Lucrèce & Pline, qui combattent ce ſentiment, ainſi que

---

(*a*) Καὶ πρῶτος ἐν φιλοσοφίᾳ ἀντίποδας ὠνόμασε (Πλάτων). Plato primus in Philoſophiâ nominavit Antipodas. *Diog. Laert. L.* 3 , *c.* 24..

Πυθαγόρας φησὶ εἶναι Ἀντίποδας, κỳ τὰ ἡμῖν κάτω, ἐκείνοις ἄνω. Pythagoras dixit eſſe autem Antipodas, nobiſque obverſa **veſtigia** premere. *Diog. Laert. lib.* 8 , *c.* 26.

(*b*) Εἰ γὰρ εἰσὶν Ἀντίποδες ἡμῶν (ὥσπερ ἔνιοι λέγουσι) τῆς γῆς τὰ κάτω περιοικοῦντες, οἶμαι μηδὲ ἐκείνους ἀνηκόους εἶναι Θεμιστοκλέους. Si ſunt, quod nonnulli aiunt, Antipodes inferiorem terræ partem verſis adverſus noſtra veſtigiis incolentes, ne illis quidem puto inauditum eſſe Themiſtoclem. *Plutarch. de Herodoti malignitate* , *tom.* 2 , *p.* 869. *C.*

S. Auguſt. de Civitate Dei , *lib.* 16 , *c.* 9.

Lucretius , *L.* 1 , *v.* 1062. *& ſeq.*

Plin. L. 2 , *c.* 65.

S. Auguſtin , ſervent auſſi à faire voir que de leur temps il devoit avoir prévalu.

Erreur au ſujet de l'évêque Virgile.

130. Je ne parle point ici de la condamnation de l'évêque Virgile par le pape Zacharie pour avoir enſeigné qu'il y eût des Antipodes , parce que l'on s'eſt trompé ſur ce fait ; & que le pape Zacharie ne parloit , dans la lettre qu'il écrivoit à S. Boniface ſur ce ſujet, que de ceux qui ſoutenoient qu'il y avoit un autre monde que le nôtre , un autre ſoleil, une autre lune, &c.

CHAPITRE X.

Révolution des Planètes sur elles-mêmes.

131. L'UTILITÉ dont l'invention des télescopes a été dans les observations astro-
nomiques des Modernes, s'est manifestée
sur-tout dans la découverte de la rotation
des astres sur eux-mêmes, fondée sur la
révolution périodique des taches remar-
quées sur leur disque ; de sorte que chaque planète a deux révolutions, suivant
l'une desquelles elle tourne autour d'un
centre commun avec les autres planètes,
& tournant de plus sur son axe, accomplit
encore une autre révolution sur son centre.
Mais tout ce que les Modernes ont dit là-
dessus n'a servi qu'à confirmer aux Anciens
la gloire d'avoir découvert cette vérité avec
le secours seul du raisonnement. Les Modernes sont en cela à l'égard des Anciens
ce que les philosophes François ont été à
l'égard de Newton ; tous les travaux qu'ils
ont éprouvés dans les voyages qu'ils ont en-

trepris aux poles, & fous l'équateur, pour
déterminer la figure de la terre, n'ont fervi
qu'à confirmer les idées que Newton avoit
avancées fur ce fujet, fans fortir de fon
cabinet ; & nous avons éprouvé de même
que la plûpart de nos expériences ont fervi,
& fervent encore quelquefois à appuyer
les conjectures fi raifonnables des Anciens ;
quoiqu'il foit arrivé fouvent que quelques-
unes mêmes de celles qui fe trouvent à
préfent généralement reconnues, aient été
auparavant décriées : nous venons d'en
voir des exemples dans les chapitres pré-
cédens, & celui-ci nous en fournit encore
un qui n'eft pas moins digne de remarque.

Expofition
des fenti-
mens d'Hé-
raclides, Ec-
phantus &
Platon.

132. Quels que fuffent les argumens
fur lefquels les Anciens fondoient leur
théorie, il eft certain qu'ils ont connu clairement la révolution des planètes fur leur
axe. Deux célèbres Pythagoriciens, Héra-
clides de Pont & Ecphantus, ont enfeigné
de très-bonne heure cette vérité, & fe fervoient d'une comparaifon des plus analogues pour faire comprendre leur idée là-
deffus, en difant que la terre tournoit d'oc-

cident en orient, *en forme d'une roue* (a),
qui tourne fur fon axe , ou fon centre ; &
Platon étendant cette vérité plus loin qu'à
la terre, accordoit auſſi ce mouvement
particulier au ſoleil & aux autres planètes, & ſuivant Atticus le Platonicien, qui
expoſe ſa penſée là-deſſus : » à ce mouve-
» ment commun, qui porte tous les aſtres
» tant fixes qu'errans à faire leur révolu-
» tion autour de leur orbite, il en ajoutoit
» un autre accommodé à leur figure ſphé-
» rique, qui les faiſoit mouvoir chacun ſur
» leur centre particulier, pendant qu'ils
» accompliſſoient leur révolution générale
» autour de leur orbite (b).

(a) Ἡρακλείδης ὁ Ποντικὸς κὴ Ἔκφαντος ὁ Πυθαγό-
ρειος κινοῦσι μὲν τὴν γῆν, οὐ μὴν γε μεταβατικῶς, τροχοῦ
δίκην ἐζωσμένην ἀπὸ δυσμῶν ἐπ' ἀνατολὰς περὶ τὸ ἴδιον
αὐτῆς κέντρον.

Heraclides Ponticus, & Ecphantus Pythagoreus
movent quidem & ipſi quoque Tellurem, non ita
tamen, ut ipſa de loco in locum transferatur, ſed
ut *inſtar rota revincta ab occaſu in ortum circa cen-*
trum ſuum torqueatur. Plutarch. de Placitis, lib. 3,
6. 13;... Galen. Hiſt. Philoſ. p. 8.

(b) Ἔτι ὁ μὲν πρὸς τῇ κοινῇ κινήσει τῶν ἄστρων καθ' ἣν

Témoigna-
ge de Plotin.

133. Plotin confirme aussi ce sentiment de Platon (*a*); & parlant de lui, il dit qu'outre la grande révolution générale des astres, Platon pensoit qu'*ils en accomplis-soient une autre particuliere autour de leur centre.*

ἐν ταῖς σφαίραις ἐνδεδεμένοι κινοῦνται πάντες οἱ ἀστέρες, οἵ τε ἀπλανεῖς, κ̀ οἱ πλανώμενοι, καὶ ἑτέραν αὐτοῖς κίνησιν ἀποδίδωσιν, ἣν δὴ καὶ ἄλλως καλλίστην εἶναι συμβέβηκε, κ̀ προσήκουσαν αὐτῶν τῇ φύσει τῦ σώματος. σφαιρικοὶ γὰ ὄντες, εἰκότως σφαιρικὴν ἄν τινα κίνησιν ἕκαστος κινοῖτο περιδινούμενος.

Præterea ad communem illum motum, quo suis in orbibus illigata sidera moveantur, tam fixa, quàm errantia, suum quibusque Plato, ac proprium alterum adjungit : qui etiam uti & præstantissimus idem sit, & cum illorum corporum naturâ conjunctissimus. Globosa enim illa quùm sint, jure volubili quodam, *& in orbem incitato motu singula moveantur.* Eusebius, Præpar. Evang. L. 15, c. 8, ex Attico Platonico ita Platonis sententiam expressit.

(*a*) Καὶ Πλάτων δὲ τοῖς ἄστροις ὐ μόνον τὴν μετὰ τῦ ὅλου σφαιρικὴν κίνησιν, ἀλλὰ κ̀ ἑκάστῳ δίδωσι τὴν περὶ τὸ κέντρον αὐτῶν. Plato verò sideribus non solùm sphæricum motum unà cum universo tribuit, *sed unicuique etiam motum circa proprium centrum concedit.* Plotinus, L. 2. Ennead. 2, c. 2.

134

134. Cicéron attribue la même opinion à Nicétas de Syracuse & cite Théophraste pour garant de ce qu'il avance (*a*) : c'est le même que Diogene de Laërce appelle autrement Hycétas, *lequel croyoit que la terre se mouvoit avec une extrême vitesse sur son axe propre, & rendoit raison des phénomènes qui arrivent dans les cieux par ce mouvement de la terre.*

(*a*) Nicetas Syracufius, ut ait Theophraftus, cœlum, folem, lunam, ftellas, fupera denique omnia ftare cenfet, neque præter terram rem ullam in mundo moveri : *quæ cùm circum axem fe summâ celeritate convertat, & torqueat, eadem effici omnia, quafi ftante terrâ cœlum moveretur.* Atque hoc etiam Platonem in Timæo dicere quidam arbitrantur, fed paulò obfcuriùs. *Cicero, Acad. Quaft. L. 4, pag. 31.*

Vide Diogenem Laërt. L. 8, fect. 85.

CHAPITRE XI.

Des Comètes.

Les Moder-
nes n'ont
rien dit sur
les comètes
que les An-
ciens n'euf-
fent enfei-
gné avant
eux.

135. Il n'y a point de penfée fi bizarre qui n'ait été hazardée dans les différens âges, pour rendre raifon de la nature des comètes & de l'irrégularité de leur cours; même encore au fiècle dernier, Képler & Hévélius avoient avancé des conjectures tout-à-fait extravagantes fur la caufe de ces phénomènes. M. Caffini & le chevalier Newton après lui, ont enfin fixé les fentimens des philofophes par les obfervations & les calculs les plus exacts, ou pour mieux dire, ils ont ramené les efprits à s'arrêter fur ce qu'en avoient déja dit les Chaldéens, les Egyptiens, Anaxagore, Démocrite, Pythagore, Hippocrate de Chio, Séneque, Apollonius-Myndius, & Artémidore; ils ont donné la même définition de la nature de ces aftres, avancé les mêmes raifons de la rareté de leur apparition, & fe font excufés de n'en avoir

pas donné une théorie plus exacte , dans les mêmes termes que l'avoit déja fait Séneque. On avoit déja dit , du temps de ce philofophe, qu'il ne fuffifoit pas pour fixer cette théorie de pouvoir raffembler toutes les obfervations faites fur les retours des anciennes comètes , parce que *la* rareté *de leurs apparitions n'avoit pas encore fourni une quantité d'obfervations néceffaire pour determiner fi elles avoient un cours régulier* (a) *ou non.*

136. Sénèque dans le même endroit (b)

(a) Neceffarium eft autem , *veteres ortus come-* *tarum habere collectos.* Deprehendi enim *propter rari-* *tatem eorum curfus adhuc non poteft , nec explorari ,* an vices fervent , & illos ad fuum diem certus ordo producat. *Seneca, Natur. Quaft. L.* 7 , *fect.* 2. Et un peu plus loin :

Ad tantorum inquifitionem ætas una non fufficit.

» Leibnitz difoit de même au commencement » de ce fiécle dans une Lettre au Pere *Des Boffes :* » La doctrine des Comètes eft encore affez obfcure ; » la poftérité en jugera mieux que nous après un » grand nombre d'obfervations.

(b) Cometas in numero ftellarum errantium poni a Chaldæis. *Idem ibid.*

rapporte que les Chaldéens mettoient les
comètes au rang des planètes ; & Diodore
de Sicile, écrivant l'histoire des connoissances des Egyptiens, les loue sur leur ap-
plication à l'étude des astres & de leur
cours, sur lesquels il dit »qu'ils avoient
» recueilli des observations très-anciennes
» & très-exactes, par le moyen desquelles
» ils étoient en état de connoître leurs mou-
» vemens divers, leurs orbites, leurs sta-
» tions, &c. ; & il ajoûte qu'ils pouvoient
» annoncer aussi les tremblemens de terre,
» les inondations (a) & *les retours mêmes des
comètes.*

(a) Καὶ παρ' Αἰγυπτίοις παραπλησίως τυγχάνουσιν
αἱ τῶν ἄστρων τάξεις τε, κ̀ κινήσεις καὶ τὰς περὶ ἑκάστων
ἀναγραφὰς ἐξ ἐτῶν ἀπίστων τῷ πλήθει φυλάττουσιν, ἐκ πα-
λαιῶν χρόνων ἐζηλωμένης παρ' αὐτοῖς τῆς περὶ ταῦτα σπουδῆς.
τάς τε τῶν πλανητῶν ἀστέρων κινήσεις, καὶ περιόδους, καὶ
στηριγμοὺς, οὐκ ὀλιγάκις δὲ καρπῶν φθορὰς, ἢ τοὐναντίον
πολυκαρπίας, ἔτι δὲ νόσους κοινὰς, ἀνθρώποις, ἢ βοσκή-
μασιν ἐσομένας προσημαίνουσι· σεισμούς τε, καὶ κατακλυσ-
μούς, καὶ κομητῶν ἀστέρων ἐπιτολὰς, καὶ πάντα τὰ τοῖς
πολλοῖς ἀδύνατον ἔχειν δοκοῦντα τὴν ἐπίγνωσιν, ἐκ πολλῆ
χρόνου παραπλησίως γεγενημένης, προγινώσκουσι.

Nam Ægyptii accuratissimé siderum constitutio-

137. Ariftote, expofant les opinions d'A-
naxagore & de Démocrite, dit que le premier croyoit que les comètes étoient un
affemblage de plufieurs aftres errans, qui
par leur approximation & la réunion de
leur lumiere, fe rendoient vifibles à nous.

138. Cette idée n'étoit pas encore bien
philofophique, mais elle l'étoit cependant
davantage que celle de quelques grands
philofophes modernes, comme Képler &
Hévélius, qui vouloient qu'elles fe for-
maffent dans l'air comme les poiffons dans
l'eau. Pythagore, à-peu-près dans le même

---

nem, & motum obfervant, & defcriptiones fingu-
lorum per incredibilem annorum numerum cufto-
diunt; cùm ab antiquiffimis indè temporibus hoc
apud eos ftudium certatim fit agitatum. Planeta-
rum etiam motus, & circuitus, & ftationes, nec
rarò frugum calamitatem, aut exuberantiam,
morbofque promifcuè vel hominibus, vel pecori-
bus ingruituros præfignificant. Terræ quoque tre-
mores, & diluvia, *ortufque cometarum*, & quo-
rumcunque cognitio humanam excedere faculta-
tem vulgò putatur, ex longi temporis obferva-
tione prænofcunt. *Diodor. Sicul. Bibliotheca Hifto-
rica. Amfterd.* 1746. *2 vol. f. p.* 91, *tom.* 1.

temps qu'Anaxagore , avoit , ſuivant le rapport d'Ariſtote , enſeigné une opinion digne du ſiècle le plus éclairé, *car il regardoit les comètes comme des aſtres qui avoient un cours réglé autour du ſoleil, & qui ne paroiſſoient que dans certaines parties de leurs orbites , & après un temps conſidérable ;* & l'erreur dans laquelle tombe Ariſtote en voulant expliquer le ſentiment de Pythagore , par une comparaiſon faite avec la planète de Mercure , ne doit point être imputée à l'Ecole Pythagoricienne (a).

(a) Ἀναξαγόρας μὲν οὖν, κ̀ Δημόκριτός φασιν εἶναι τοὺς κομήτας σύμφασιν τῶν πλανητῶν ἀστέρων, ὅταν, διὰ τὸ πλησίον ἐλθεῖν, δόξωσι θιγγάνειν ἀλλήλων. τῶν δ' Ἰταλικῶν τινες, κ̀ καλουμένων Πυθαγορείων, ἕνα λέγουσιν αὐτὸν εἶναι τῶν πλανητῶν ἀστέρων, ἀλλὰ διὰ πολλοῦ τε χρόνου τὴν φαντασίαν αὐτοῦ εἶναι, κ̀ τὴν ὑπερβολὴν ἐπὶ μικρόν, ὅπερ συμβαίνει κ̀ περὶ τὸν τοῦ Ἑρμοῦ ἀστέρα. διὰ γὰρ τὸ μικρὸν ἐπαναβαίνειν, πολλὰς ἐκλείπει φάσεις, ὥστε διὰ χρόνου φαίνεσθαι πολλοῦ. παραπλησίως δὲ τούτοις κ̀ οἱ περὶ τὸν Ἱπποκράτην τὸν Χῖον, κ̀ τὸν μαθητὴν αὐτοῦ Αἰσχύλον ἀπεφήναντο.

Anaxagoras igitur , atque Democritus , cometas eſſe aſſerunt ſtellarum errantium coapparitionem , quia quùm propiùs acceſſerint , ſeſe tangere mu-

Aristote rapporte aussi les témoignages d'Hippocrate de Chio & d'Æschylus, pour appuyer cette opinion,

139. Stobée (*a*) expose le sentiment de Pythagore dans les mêmes termes qu'Aristote, quoiqu'un peu plus clairement; & il dit que *les Pythagoriciens croient que les comètes étoient des astres errans, qui ne paroissoient que dans un certain temps de leur cours.*

Stobée expose le sentiment de Pythagore.

---

tuò videntur. At eorum nonnulli, qui Italiam habitant, *Pythagoreique vocitantur, cometen è stellis errantibus unam esse dicunt : verùm, non nisi longo interposito tempore comparere in cœlo,* & parùm ab sole digredi : id, quod etiam Mercurii stellæ obvenit. Nam quia non admodùm ab sole recedit, sæpé cùm se visendam præstare deberet, occultatur. *Proindè non nisi longo tempore interjecto cerni solet.* Hippocrates autem ille Chius, & ejus discipulus Æschylus, non secùs quàm hi dixêre. *Aristotelis opera, tom.* 1*, p.* 534. *l.* 1*, meteorol. c.* 6.

(*a*) Τῶν Πυθαγορείων τινὲς μὲν ἀστέρα φασὶν εἶναι τὸν κομήτην, τῶν ἐκ ἀεὶ φαινομένων, διὰ δέ τινος διωρισμένου χρόνου περιοδικῶν ἀνατελλόντων. *Pythagorei partim stellas faciunt cometas, quæ non semper, sed certo temporis ambitu appareant.* Stobæus, p. 62. Eclog. Phys. lib. 1.

140. Sénèque fur-tout plus que tout autre a parlé en vrai philofophe fur ce fujet. Il expofe dans le feptième Livre de fes *Queftions naturelles* toutes les différentes opinions fur les comètes, & il paroît adopter celle d'Artémidore, qui croyoit » qu'il » y avoit une quantité innombrable de co-» mètes, lefquelles, à caufe de la pofition » de leurs orbites, ne pouvoient pas tou-» jours être obfervées, & ne fe laiffoient » voir que lorfqu'elles arrivoient à une des » extrémités de ces orbites (*a*). Il raifonne

(*a*) *Innumerabiles ferri per occultum*, aut propter obfcuritatem luminis *nobis ignotus*, aut *propter circulorum pofitionem talem, ut tùm demùm, cùm ad extremam eorum venêre, vifantur.... Quid ergò miramur, cometas, tam rarum mundi fpectaculum, nondùm teneri legibus certis*; nec initia illorum, finefque notefcere, *quorum ex ingentibus intervallis recurfus eft ?....* Veniet tempus, quo ifta, quæ nunc latent, in lucem dies extrahat, & longioris ævi diligentia; ad inquifitionem tantorum ætas una non fufficit, ut tota cœlo vacet. Quid, quòd tam paucos annos, inter ftudia, ac vitia, non æquâ portione dividimus? Itaque per fucceffiones iftas longas explicabuntur. Veniet tempus, quo

enfuite là-deffus avec autant d'élégance
que de folidité : » pourquoi s'étonner,
» dit-il, que les comètes qui s'offrent fi ra-
» rement en fpectacle au monde, ne foient
» pas encore foumifes à des règles certai-
» nes, & que nous n'ayons pas encore pu
» connoître & déterminer, où commence
» & finit la marche de *ces aftres, auffi an-*
» *ciens que l'univers, & dont les retours font*
» *dans d'auffi grands intervalles ?* Il viendra
» un temps, s'écrie-t-il avec une efpèce
» d'enthoufiafme, où la poftérité s'étonne-
» ra que nous ayons ignoré des chofes fi
» évidentes, & ce qui nous eft obfcur à
» préfent, paroîtra dans un grand jour, par
» la fuite des fiècles, & l'induftrie de nos
» defcendans; mais peu d'années, parta-
» gées entre l'étude & les paffions, ne fuf-
» fifent pas pour des recherches fi impor-
» tantes, & pour apprendre à connoître
» la nature des cieux.

---

pofteri noftri tam aperta nos nefciffe mirentur.
Seneca, Natural. Quaft. L. 7 *, c.* 13 *,* 25.

Ego non exiftimo cometen fubitaneum ignem,
fed *inter æterna opera natura. Id, ibid. c.* 22.

Les Modernes n'ont rien dit sur les comètes que d'après les Anciens.

141. En jettant les yeux sur les divers paſſages qu'on vient de rapporter, on eſt obligé de convenir que les Modernes n'ont rien dit de ſolide à l'égard des comètes que ce qu'ils ont trouvé dans les écrits des Anciens ; à quoi ils ont ajoûté ſeulement les connoiſſances que leur a fourni l'obſervation, laquelle Sénèque avoit déja jugé néceſſaire, & qu'une longue ſuite de ſiècles ſeulement pouvoit leur procurer.

CHAPITRE XII.

De la Lune.

142. LA lune nous offre encore un champ où les Anciens ont eu occasion de donner des preuves de leur sagacité ; ils ont connu de bonne heure qu'*elle n'avoit point une lumiere propre , mais qu'elle ne brilloit que par la lumiere du soleil qu'elle réfléchissoit.* C'étoit le sentiment d'Anaxagore , après Thalès , & celui d'Empédocles (a) , qui

(a) Ἀπολείπεται τοίνυν τὸ τῦ Ἐμπεδοκλέους , ἀνακλάσει τινὶ τῦ ἡλίε πρός τὴν σελήνην γίνεσθαι τὸν ἐνταῦθα φωτισμὸν ἀπ' αὐτῆς. ὅθεν οὐδὲ θερμὸν , οὐδὲ λαμπρὸν ἀφικνεῖται πρὸς ἡμᾶς , ὥσπερ ἦν εἰκὸς , ἐξάψεως κỳ μίξεως φωτῶν γιγνομένης.

Relinquitur ergò Empedoclis sententiam esse veram : nempè reflexione luminis solaris ad lunam, hìc ab illâ res illuminari. *Unde fit , ut neque caliaum , neque splendidum ad nos lumen perveniat :* quod futurum videbatur , si inflammatio , & permixtio luminis fieret. *Plutarch. de facie in orbe luna , to. 2. p. 929. E.*

Τὴν τε σελήνην ψευδοφαῆ κỳ ἀπὸ τῦ ἡλίε φωτίζεσθαι. Anaximandrum putasse lunam falso lumine lucere , & à sole illustrari. *Diog. Laërt. in Anaximand. L. 2.*

concluoit de cette réflexion de la lumiere, qu'elle nous en arrivoit moins vive, & que c'étoit la raifon pour laquelle la chaleur de cette lumiere n'étoit point fenfible ; ce que les expériences faites fur la réunion des rayons de lumiere de la lune à l'aide du miroir ardent, ont confirmé depuis peu, n'ayant jamais été poffible, malgré toute la force des miroirs, de produire le moindre effet de chaleur par la réunion de ces rayons.

143. Toutes les obfervations des Modernes tendent à nous perfuader que la lune a une atmofphere, quoiqu'extrêmement rare. Dans une éclipfe totale du foleil on remarque autour du difque de la lune une lueur claire & large parallèle à fa circonférence, & devenant plus rare, à proportion qu'elle en eft plus éloignée ; ce qui ne peut être que l'effet d'un fluide comme l'air qui nous environne, & qui, à caufe de fa pefanteur & de fon elafticité, eft plus denfe en-bas & plus raréfié en-haut. On obferve de plus aifément avec le télefcope des parties plus élevées & plus éclairées les

unes que les autres dans la lune, que l'on juge être des montagnes qu'on a même trouvé le moyen de mesurer. On remarque aussi d'autres parties plus basses & moins éclairées, qui ne peuvent être que les vallées, formées par l'élévation de ces montagnes ; enfin on observe d'autres parties qui réfléchissant moins de lumière, & présentant une surface toujours également unie, sont jugées être de grands amas d'eaux : & de ce qu'il y a dans la lune de l'eau, une atmosphere, des montagnes, des vallées, on infère qu'il doit y avoir de la pluie, de la neige & tous les autres météores qui sont la suite naturelle de ces suppositions ; & on en conclut que nos idées de la sagesse de Dieu veulent qu'il y ait placé des êtres, quels qu'ils soient, qui puissent habiter cette planète, afin que toutes ces choses n'y soient pas en pure perte.

144. Les Anciens, qui n'avoient pas de télescopes, suppléoient au défaut de cet instrument par une perspicacité d'esprit extraordinaire ; ils avoient tiré toutes ces

conféquences avant les Modernes, fans
avoir eu pour les aider tous les moyens que
nous avons de nous affermir dans nos conjectures, & avoient découvert, avec les
yeux de l'efprit, ce que les télefcopes
nous ont fait voir depuis avec les yeux du
corps.

Ils croyoient
la pluralité
des Mondes.
Sentiment
d'Orphée fur
la Lune.

145. Nous voyons par quelques fragmens de leurs écrits, qui nous ont été
confervés, qu'ils faififfoient d'une maniere
bien fublime & bien digne de la grandeur
de Dieu, les vûes de cet être fuprême fur
la deftination des planètes, & de cette
multitude d'étoiles placées dans le firmament; nous avons déja vu qu'ils les regardoient comme autant de foleils, autour
defquels des planètes, comme celles de
notre fyftême folaire, faifoient leurs révolutions : ils alloient plus loin ; ils foute-
noient que ces planètes étoient habitées
par des êtres dont ils ne définiffoient point
la nature, mais qu'ils difoient ne le céder
ni en beauté ni en grandeur aux nôtres.
Orphée eft l'auteur le plus ancien dont on
nous ait confervé l'opinion fur ce fujet:

Proclus, dans ſon Commentaire ſur Timée, rapporte (*a*) trois vers de cet ancien phi-loſophe, dans leſquels il dit poſitivement que *la lune étoit une terre comme la nôtre qui avoit ſes montagnes, ſes vallées, &c.*

146. Pythagore, qui a ſuivi Orphée dans pluſieurs de ſes opinions, a auſſi en-ſeigné (*b*) : *que la lune étoit une terre ſem-*

Opinion de Pythagore ;

(*a*) Μήσατο δ᾽ ἄλλην γαῖαν ἀπείρατον, ἥν τε σελήνην
  Ἀθάνατοι κλήζουσιν, ἐπιχθόνιοι δέ τε μήνην,
  Ἡ πόλλ᾽ ὔρε᾽ ἔχει, πόλλ᾽ ἄςεα, πολλὰ μέλαθρα.
Struxit autem aliam terram immenſam, quam ſelenem
Immortales vocant : Homines autem, lunam,
Quæ multos montes habet, multas urbes, multas domos.
Proclus de Orphea, L. 4. *in Timæum, p.* 154. *lin.* 6. 283. *lin.* 11. *& L.* 5. *p.* 292. *lin.* 14.

(*b*) Οἱ Πυθαγόρειοι γεώδη φαίνεσθαι τὴν σελήνην, διὰ τὸ περιοικεῖσθαι ταύτην, καθάπερ τὴν παρ᾽ ἡμῖν γῆν, μείζοσι ζώοις, ἢ φυτοῖς καλλίοσιν. εἶναι γὰρ πεντεκαιδεκαπλασίονα τὰ ἐπ᾽ αὐτῆς ζῶα τῇ δυνάμει. Pythagorici lunam ideò terream apparere exiſtimant, quòd ipſa, ſicuti tellus à nobis incolitur, ab animali-bus majoribus, plantiſque pulchrioribus circum-habitetur. Quindecim nempè vicibus animalia, quæ in illâ ſunt, vi noſtris præſtare, nihilque ſu-

blable à la nôtre, habitée par des animaux,
dont il ne déterminoit point la nature , quoiqu'il crût qu'ils étoient plus grands & plus
beaux que ceux qui habitent notre globe ,
& qu'il ne les crût pas sujets aux mêmes
infirmités.

& de plu-
sieurs autres
philosophes
de l'Antiqui-
té.

147. Il me seroit facile de multiplier
ici les citations par une foule de passages
qui feroient voir que cette opinion étoit
fort commune parmi les anciens philosophes ; mais je me contenterai de renvoyer
aux sources (*a*) indiquées ci-dessous, & ne

---

perflui , vel excrementi emittere. *Plutarch. de Pla-*
cit. Philos. L. 2 , c. 30.

Vid. & *Platonis Timæum, p 42 , lin. 39. c. 3...*
Chalcidium in Timæum , sect. 198. p. 350... Ma-
crobium in somnium Scipion. Lib. 1, c. 11... Platon.
in Phædro , p. 246 , 247... Aristot. de cœlo , lib. 2 ,
c. 3 , & ibi Simplicium... Procli in Timæum , pag.
11 , 260 , 324 & 348.

(*a*) Ἀναξαγορας ελεγε την δε σελήνην οἰκήσεις ἔχειν ,
ἀλλὰ κὴ λόφους , κὴ φάραγγας Anaxagoras dicebat
lunam habitacula in se habere , & colles , & valles.
Stobæus Eclog. Phys. L. 1 , p. 59. Edit. Genev. 1609.
fol. Suidas in voce ὁμοιομερεία*... Diog. Laert. L. 2*
sect. 8.

veux

veux cependant pas omettre de rapporter un paſſage de Stobée (*a*) bien remarquable, dans lequel il expoſe l'opinion de Démocrite ſur la nature de la lune & la cauſe des taches que nous voyons ſur le diſque de cette planette.

148. Ce grand philoſophe imaginoit très-judicieuſement que *ces taches n'étoient autre choſe que des ombres formées par la hauteur exceſſive des montagnes qu'il croyoit être dans la lune*, & qui interceptant le paſſage de la lumiere dans les parties moins élevées de cette planète, où les vallées formoient ces ombres ou ces taches que nous

Opinion de Démocrite ſur la cauſe des taches dans la lune.

Vid. Platonem in apologiâ Socratis, Edit. Henrici Stephani 1578. 3 vol. fol. p. 16, t. 1.

Habitari ait Xenophanes in lunâ, eamque eſſe terram multarum Urbium & Montium. *Cicero, Academic. Quæſtion. l. 2, p. 31. Edit. Rob. Steph. Paris. 1578.*

(*b*) Δημόκριτος ἀποσκίασμα τι τῶν ὑψηλῶν ἐν αὐτῇ μερῶν, ἀνάγκη γὰρ αὐτὴν ἔχειν καὶ νάπας. *Democritus umbram ſublimiorum ejus partium, quandoquidem valles, & montes habeat. Stobæus, Eclog. Phyſ. l. 1, p. 60, lin. 46.*

Vid. Origen. Philoſ. c. 13... Ælian. Var. Hiſt. l. 4. c. 19. Menagium ad Laert. l. 9, ſect. 44.

I. Partie. P

obſervons. Plutarque fut encore plus loin, & conjectura que la lune devoit avoir en ſon ſein des mers & des cavernes profondes (*a*) ; il appuyoit ſes conjectures ſur les mêmes fondemens qui ſoutiennent celles des Modernes, & il diſoit que les grandes ombres que l'on apperçoit ſur le diſque de cette planète étoient cauſées par *de vaſtes mers*, qui ne pouvoient pas réfléchir une lumière auſſi vive que les autres parties plus opaques de cette planète ; *ou par des cavernes extrêmement étendues & profondes, dans leſquelles les rayons du ſoleil étoient abſorbés* ; ce qui devoit occaſionner ces ombres ou obſcurités que nous appellons les taches de la lune (*b*).

149. Il paroît par un endroit de Plu-

___

(*a*) Dicit enim eam quæ vocatur facies, ſimulacra eſſe & imagines magni maris in lunâ apparentes. *Plutarch. de facie in orbe lunæ*, p. 920. F.

(*b*) Quòd ad faciem attinet in lunâ apparentem : ſicut noſtra terra ſinus habet quoſdam magnos, ita cenſemus lunam quoque profunditatibus & rupturis magnis eſſe apertam, aquam aut aërem caliginoſum continentibus. *Idem ibid.* p. 935. C.

tarque (*a*) que l'on agitoit déja de son temps la question de sçavoir, s'il y avoit dans la lune des exhalaisons ou des vapeurs qui s'élevassent au-dessus de sa surface, & y occasionnassent de la pluie & d'autres météores; il paroît pancher pour ceux qui soutenoient la négative, & croyoit que la

Question sur la lune agitée par Plutarque.

(*a*) Μὴ ὀρεχομένης τῆς σελήνης· & eâdem pag. lin. 6. Ἦπου τοῖς ἐπὶ τῆς σελήνης εἰκός ἐσι δώδεκα θερείας ὑπομένειν ἔπους ἑκάσου κατὰ μῆνα, τῦ ἡλίυ πρός κάθετι αὐτῆς ἐφισαμένυ, καὶ σηρίζοντος, ὅταν ᾖ πανσέληνος; πιάσματά γε μὲν ᾗ νίφη, καὶ ἄμβρους, ὧν χωρὶς ὅτι γένεσις φυτῶν ἐσιν, ἔυτε σωτηρία γενομένοις, ἀμήχανον ἐκεῖ διανοηθῆναι, συνισάμενα διὰ θερμότητα, καὶ λεπτότητα τῦ περιέχοντος. οὐδὲ γὰρ ἐνταῦθα τῶν ὁρῶν τὰ ὑψηλὰ δίχεται τους ἀγρίους, καὶ ἐναντίους χειμῶνας. ἀλλ᾽.... ἤδη, καὶ σάλον ἔχων ὑπὸ κουφότητος ὁ ἀὴρ, ἐκφεύγει τὴν σύσασιν ταύτην, κὴ πύκνωσιν.

An credibile est, eos, qui in lunâ sunt, quot-annis duodecim perferre posse solstitia singulis mensibus, sole in plenilunio supra capita eorum insistente ? Jam flatus, nubes, imbresque (sine quibus neque nasci, neque natæ durare possunt plantæ) ibi coïre, ne cogitari quidem potest, in tanto calore, tantâ tenuitate ambientis, quandò ne apud nos quidem altorum montium vertices feris istis adversisque tanguntur tempestatibus : sed aër ibi jam tenuis, motuque ob levitatem suo præditus, coitionem istam, & densationem effugit. *Plutarch.* t. 2, p. 938. C. *Nulla lunam rigat pluvia.*

lune devoit être tellement échauffée par la
conftante demeure des rayons du foleil fur
fa furface, qu'il n'étoit pas poffible que
toute l'humidité n'en fût féchée, & qu'il
pût y avoir encore de quoi fournir matiere
à de nouvelles vapeurs : il en concluoit
qu'il n'y avoit ni nuages, ni pluies, ni vents ;
par conféquent point de plantes ou d'animaux, & cette raifon eft encore la même
qui eft alléguée par ceux des Modernes
qui veulent s'oppofer à l'opinion que la
lune foit habitée : au lieu que la feule conféquence néceffaire que l'on devroit tirer
de ces difficultés, feroit que les êtres qui
habiteroient cette planette, devroient être
différens de ceux qui habitent la nôtre &
accommodés par leur conftitution à la différence du climat, & de la nature de la planette qu'ils habiteroient. Quoi qu'il en foit, il
paroît par ce paffage que cette opinion
avoit déja fes partifans du temps de Plutarque ; & il eft indifférent qu'elle fût dé-
fendue ou combattue par ce philofophe,
pourvu qu'il foit évident qu'elle ait été
connue alors.

Fin du Tome premier.

RECHERCHES

SUR

L'ORIGINE DES DÉCOUVERTES

ATTRIBUÉES

AUX MODERNES.

TOME SECOND.